高校生の主観的学校ストレッサーに関する研究

吉原　寛 著

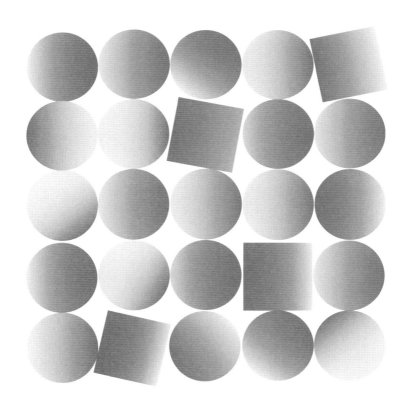

風間書房

刊行によせて

　このたび，吉原寛氏が2011年度兵庫教育大学大学院連合学校教育学研究科学校教育実践学専攻（兵庫教育大学）に提出された博士論文「主観的学校ストレッサーによる高校生の学校ストレスに関する研究」を公刊することになり，言葉を寄せることになった。

　吉原寛氏とはじめてお会いしたのは，平成12年（西暦2000年）10月ころのことだったと思う。日付の上からすると，そろそろ16年経つことになる。定時制高校の教員をされていながら，上越教育大学大学院の院生になられたばかりの頃のことだろう。吉原氏は教育の理想，希望に燃えており，なんとか現場に還元できる修士論文を作成したいという思いを持って大学院に入ってこられた。

　私は，平成12年4月に上越教育大学赴任が決まっていたが，たまたま筑波大学学校教育部で附属学校へのインテル製CPUを登載したパソコンの寄贈の受け入れ，および公立より遅れていた附属学校間のネットワーク構築を担うインテルプロジェクト等の責任者を担当していたために10月赴任となった。その上，当時，まだ国立大学の法人化の前であり，国立大学間の併任が可能であった。私も例外に漏れず，半年間の上越教育大学助教授と筑波大学学校教育部助教授との併任を拝命した。筑波大学からの異動して間もなくであり，ときには一日で東京大塚と新潟県上越市との間を1往復したこともあった。

　このような状況で，吉原寛氏は，私が上越教育大学で指導することになった初めての院生であった。吉原寛氏のその頃の印象と現在の印象は，まったく変わっていない。お会いするたび，やや，やせ細っていっているような気がするが，本人は否定している。やせているのが事実だとすれば，博士論文の公刊までのストレスのせいなのか教育センター勤務という職業上のストレ

スのせいかは不明である。その当時，吉原氏には私に上越での適応に必要な情報をいろいろ教えて頂いた。

　私が，修論指導を開始した時の吉原寛氏は，上越教育大学大学院学校教育学研究科学校教育専攻発達臨床コース修士1年であり，その年度の前半（4月から9月まで）は田中敏先生のもとで指導を受けていた。主観的学校ストレッサーは，そのときからのアイディアだったのだと思っている。吉原氏の一番の関心は，構成的エンカウンターグループの効果検証であったと思う。私は，「構成的エンカウンターグループの効果検証は応用研究であり，変数がたくさんありすぎるので1年間という短い期間では検証不可能である。それより，修士論文では基礎研究のほうを修論にした方が良いのではないか」と何度も何度も言葉を変えて伝えたのを覚えている。

　上記を何度もお伝えしたのだが，平成14年1月に提出された修論タイトルは「高校生へのグループワークが学校ストレス低減に及ぼす影響について」であった。

　その後，私の指導する上越教育大学での大学院修了生，学部卒業生が増えていく中で，常に吉原寛氏はその中心にいてくれた。指導院生として初めて紀要「上越教育大学心理教育相談研究」に2つの論文「主観的内容に焦点を当てた学校ストレッサー尺度の作成」（2001年），「学業・友人関係場面ストレッサーと主観的ストレッサーの関係」（2003年）を掲載し，2005年には「カウンセリング研究」に修士論文を元とする論文「友人関係のあり方と学校ストレッサー，ストレス反応との関係」を掲載した。このように，論文投稿の面でもゼミの先頭を切って進めていったのは，吉原寛氏であった。

　吉原氏が博士課程に入ったのは，修士を出てから約10年後であった。

　上記の紀要の尺度構成に問題があり，その問題をこの博士論文でも抱えており，本論文の9章で処理している。いろいろな大変な苦労をして博士論文を完成させたと思う。今，吉原氏の博士論文をあらためて拝見しているが，修士論文とはまったく関係のない論文になっている。学術的な背景にも深い

踏み込みがみられるようになっている。

　吉原寛氏は博士号を取得し，上越教育大学，兵庫教育大学，鳴門教育大学という新構想教育大学を修了した者にとって，誰もが目指すべき高度専門職職業人としての教員のお手本となる経歴を作っているのではないかと思う。

　博士論文を書き上げると，しばらくは中身をみたくなくなるかも知れないが，是非このまま新しい研究を進めて頂きたいと思う。是非，後進を育てる側に回って，日本の教育，教員養成にも「エビデンス」に基づく教育を取り入れて頂きたい。日本の教育は残念ながら，声が大きいものが勝つ世界になってはいないだろうか。是非，吉原氏が身につけた「エビデンス」に基づく教育を日本でも普及できるよう推進して頂きたい。

　吉原寛氏は，博士課程在学期間中に助成を受けてリトアニアと，アイルランドで開催された国際会議で発表している。博士課程修了後にも，科研費でもノルウェーで開催された国際会議で発表している。吉原氏にとって，3回の国際会議での発表で，世界的な視野も身につけられたのではないだろうか。是非，これらの経験も生かして，日本の教育にインパクトを与えていただきたい。

　吉原寛さん，今後のますますのご発展をお祈り致します。

平成27年11月

　　　　　　　　筑波大学人間系（心理学域）教授　　藤　生　英　行

目　　次

刊行によせて（藤生英行）

第1章　問題 …………………………………………………………… 1
　第1節　問題提起 …………………………………………………… 1
　第2節　主観的学校ストレッサーに関する研究 ………………… 2
　第3節　学校ストレッサーとストレス反応との関係 …………… 6
　第4節　友人関係に関する研究 …………………………………… 8
　第5節　学校ストレッサー，ストレス反応，友人関係における性差 …… 11
　第6節　友人グループに関する研究 ……………………………… 14
　第7節　学校移行期における適応 ………………………………… 16
　第8節　主観的学校ストレッサー尺度の再考 …………………… 18

第2章　目的 …………………………………………………………… 21
　第1節　目的 ………………………………………………………… 21
　第2節　本研究の構成 ……………………………………………… 22

第3章　主観的学校ストレッサー尺度とストレス反応尺度の作成 … 25
　第1節　主観的学校ストレッサー暫定尺度の作成 ……………… 25
　第2節　主観的学校ストレッサー尺度の作成 …………………… 34
　第3節　ストレス反応尺度の作成 ………………………………… 43
　第4節　主観的学校ストレッサー尺度の基準関連妥当性の検討 … 46

第4章　学校ストレッサーと主観的学校ストレッサーとの関係 …… 51
　第1節　日常場面における学校ストレッサーと主観的学校
　　　　　ストレッサーの関係 ……………………………………… 51
　第2節　ネガティブライフイベントと主観的学校ストレッサーの関係
　　　　　……………………………………………………………… 57

第5章　友人関係のあり方と学校ストレッサー，ストレス反応との
　　　　関係 ………………………………………………………… 63
　第1節　友人関係性尺度の作成 ………………………………… 63
　第2節　友人関係のあり方と学校ストレッサー，ストレス反応との
　　　　　関係 ……………………………………………………… 68

第6章　高校生の主観的学校ストレッサー，ストレス反応，および
　　　　友人関係の関連における性差の検討 ……………………… 79
　第1節　主観的学校ストレッサー，ストレス反応および友人関係に
　　　　　おける性差の検討 ……………………………………… 79
　第2節　主観的学校ストレッサー，ストレス反応，および友人関係の
　　　　　関連における性差の検討 ……………………………… 85

第7章　高校生の友人グループが主観的学校ストレッサーと
　　　　ストレス反応に及ぼす影響 ……………………………… 95
　第1節　友人グループ状態尺度の開発と性差の検討 ………… 95
　第2節　友人グループが主観的学校ストレッサーとストレス反応に及
　　　　　ぼす影響 ………………………………………………… 107

第8章　高校生における入学前の進学動機，学校ストレス，
　　　　欠席日数が入学後の学校不適応に及ぼす影響 ……………119

第9章　主観的学校ストレッサー尺度の妥当性の検討 ……………135
　第1節　経験頻度×嫌悪度，経験頻度，嫌悪度における因子構造の
　　　　　比較 ……………………………………………………………135
　第2節　主観的学校ストレッサーの内容的妥当性の検討 …………145
　第3節　主観的学校ストレッサー尺度の因子構造の再検討 ………151
　第4節　主観的学校ストレッサー尺度の併存的妥当性の検討 ……157

第10章　総合的考察 …………………………………………………161
　第1節　本研究の結果のまとめ ………………………………………161
　第2節　主観的学校ストレッサー尺度について ……………………163
　第3節　友人関係，友人グループ状態のポジティブな影響と
　　　　　ネガティブな影響 ………………………………………………165
　第4節　学校移行期における主観的学校ストレッサーの活用 ……166
　第5節　本研究の学校現場への活用 …………………………………167

引用文献 …………………………………………………………………169
あとがき …………………………………………………………………175

第1章　問　題

第1節　問題提起

　学校現場では，不登校，いじめ，非行，校内暴力といった学校不適応の問題が顕在化しており，社会問題としても多く取り上げられている。
　高等学校における学校不適応の問題は，中途退学者が多い点に特に問題があると言える。文部科学省（2013）によると，平成24年度中の公，私立高等学校における中途退学者の合計は51,781人で中途退学者の割合（中退率）は1.5%となっている。中退率は平成13年度の2.6%をピークに年々減少傾向にあるが，依然高等学校において重要な課題となっている。中途退学の理由については，「学校生活・学校不適応」が40.0%で最も多く，次いで「進路変更」が33.3%，「学業不振」が7.6%の順となっている。中途退学率を学年別にみると，第1学年での中途退学率が2.2%で最も高く，以下，第2学年1.4%，第3学年0.4%となっている。中途退学者数全体のうち，1年生が占める割合は43.1%であり，高等学校進学率が97%近くを占める状況において，高等学校における中途退学への対策，特に入学時における1年生への学校適応のための対策は重要である。また，中途退学に影響を与える要因として，Lever, Mark, Sander, Lomberdo, Randall, Axeirod, Rubunstein, & Weist (2004) は，「前の学年の落第」「低学力者」「低い自尊感情」「教師や仲間との頻繁な対決と受容されないこと」「学校への出席の低さ」「学校と課外活動への興味と関わりの低さ」「不安定な家族関係」「妊娠」「薬物乱用」「破壊的な行動の経験」を挙げている。
　これまで，このような学校不適応の問題に関しては，主に子ども自身に問

題があるのではないかと考えられてきた。ところが，近年，学校不適応はある特定の子どもに生じる問題ではなく，誰もが日常の学校生活において感じうる「学校ストレス」がその原因になっているのではないか，という考え方が受け入れられるようになってきた（例えば，安藤，1985；坂野，1990；嶋田，1995）。

しかしながら学校現場では従来から行われている教師による経験主義中心の対応により，生徒の状況を把握せずに機械的な指導が行われ，その結果，状況が変化しない場合やかえって悪化する場合も少なくないと思われる。また，小中学校にスクールカウンセラーが配置されているが，非常勤の勤務となっており生徒と接する時間も短く，ある特定の生徒だけへの対応にならざるを得ないと考えられる。そこで，このような生徒の学校不適応の問題に関して，学校におけるストレス，すなわち，「学校ストレス」の観点からの検討を行っていくことは重要であると考える。さらに，学校不適応に至る要因を検討していくことは，学校現場における具体的な対処の方策を考える上で教師にとって，有益な示唆を与えてくれるものと考えられる。

第2節　主観的学校ストレッサーに関する研究

本節では，第1節の問題提起を受けて，学校ストレスに関連する概念の定義と学校ストレッサーについて，先行研究を概観し，主観的学校ストレッサーの定義と意義について述べる。

1．ストレスに関連する概念の定義

ストレスに関する定義はこれまで様々存在するが，Lazarus & Folkman (1984) によるとストレスは，「ある個人の原動力に負担をかけたり，資源を越えたり，幸福を脅かしたりすると認知評価される，人間と環境との間の特定な関係」とされている。さらにストレスの構造モデルとして，「個人の心

理的負荷を与える環境変化としての刺激であるストレッサー，怒り，不安，抑うつ等の心理的ストレス反応，さらにその間に認知的評価，コーピング（対処行動）」という一連の構造を想定した。近年のストレス研究は，多くがこの Lazarus & Folkman (1984) のストレスモデルを中心に発展しており，これまでの児童・生徒を対象とした学校ストレスに関する研究においても，ストレッサーやストレス反応をはじめとして，認知的評価，コーピングなどの媒介変数を含めたさまざまな検討が行われている。

　ストレスに関連する概念の定義に関しては，本研究では嶋田 (1998) に則り，次のように定義する。①ストレッサーを「個人が経験している刺激であり，その個人がネガティブであると評価したもの」，②ストレス反応を「ストレッサーによって個人に生起した心身のネガティブな反応」，③ストレスを「個人が経験している個々のストレス反応の総体としての状態」，④認知的評価を「個人がストレッサー自体に対して行う評価，あるいは，ストレッサーの対処に関する評価」，⑤コーピングを「個人がストレス反応の軽減を目的として行う行動，あるいは，認知」とそれぞれ定義して用いる。

2．学校ストレッサーの研究

　児童・生徒の学校ストレッサーの測定に関する研究においては，長根 (1991) や嶋田・岡安・坂野 (1992) が小学生の学校ストレッサー尺度の開発を試みている。小学生において日常経験するさまざまな嫌悪的な出来事を収集し，小学生が各出来事の嫌悪性をどのように評価しているかを調査している。その結果，「教師や友人との人間関係」「授業中の発表」「学業成績」が，両研究に共通の学校ストレッサー要因として示された。しかし，この尺度は，出来事についての嫌悪度を評価するもので，児童が学校生活においてどのくらいの頻度でストレッサーにさらされているか，ということは明らかにされていない。

　一方，岡安・嶋田・丹羽・森・矢冨 (1992a) は，生徒が実際に直面してい

る学校ストレスをより正確に測定するため，中学校において，中学生の日常の学校生活における不快な出来事（学校ストレッサー）をどの程度経験し，そしてその嫌悪性をどのように評価しているのかを測定する学校ストレッサー尺度を作成している。岡安ら（1992a）は，各項目の経験頻度とその嫌悪性の両得点の積算値を各項目得点とし因子分析を行った。その結果，「教師との関係」「友人関係」「部活動」「学業」「規則」「委員会活動」の6因子が抽出された。さらに，嶋田・鈴木・神村・國分・坂野（1995）は，嶋田ら（1992），岡安ら（1992a）によって作成された小中学生用学校ストレッサー尺度をもとに，高校生用学校ストレッサー尺度を作成している。因子分析の結果，「学業」「教師との関係」「注意」「友人関係」「進路」の5因子が抽出された。また，三浦・川岡（2008）でも，高校生を対象とした学校ストレッサー尺度を作成し，因子分析の結果，「教師との関係」「学業」「友人との関係」「部活動」「校則・規則」の5因子を抽出された。

　一方で，ストレッサーをネガティブライフイベント（NLE）と捉えた研究も行われている。高比良（1998）は，Beck（1983）の人との相互作用に敏感な対人志向性の高い人（sociotropy），目標達成などに対して敏感な自律性の高い人（autonomy）では，ストレスを感じるイベントが異なるという指摘をもとに，大学生を対象として対人領域と達成領域に分類したNLE尺度を作成している。さらに，工藤（2005）は，高比良（1998）の尺度を参考に高校生版NLE尺度を作成し，「NLE達成領域」「NLE対人領域」「NLE無関連領域」の3因子を抽出している。

3．主観的学校ストレッサーの定義と意義

　これらの先行研究における学校ストレッサー尺度やNLE尺度は，学校における日常場面を分類した尺度となっている。しかし，これらの尺度の因子が生徒の内面のストレスに結びつくにはまだまだ距離があるように感じられる。学業場面がストレッサーとなっているとしても，どうしてそうなるのか，

ただ単に学業場面がストレッサーとされただけでは生徒の生態的現実にまだまだ迫っていないように感じられる。例えば，学業場面ひとつにしても，「人と比べられることからいやな気持ちになる」「成績が悪いと大学に行けないからいやな気持ちになる」など，生徒の心理面では異なる刺激性が生じることが考えられる。

そこで武井（1998）は，従来のストレッサーに対して，ストレス過程において環境刺激を嫌悪的であると認知する個人的要因について研究されていないことに着目し，認知要因に焦点を当てた心理描写項目を用いた中学生用学校ストレッサー尺度を作成している。その結果，経験頻度における因子構造は「対人関係」「自己利益」「能力」「周囲の他者」「行動への強いこだわり」「遊び」「コミュニケーション」の7因子が抽出され，嫌悪性における因子構造は「嫌われている」「損をする」「（行動が）思うようにいかない」「遊べない」「周りの人に悪い」「自信が無い」「低い評価を受けたくない」「目立ちたくない」「責任の無いことを言われたくない」の9因子が抽出された。

また，今村（1999）は桜井（1995）の尺度を参考にして，高校生の学業におけるストレッサーに焦点を当てた尺度を作成している。因子分析の結果「成績不振」「学業体制への不満」「進路への関心」「学業に対する他者期待への反発」「自己嫌悪」「時間不足への不満」の6因子が抽出された。このうち「授業がつまらない」「自分に自信がない」「忙しくて本当にしたいことができない」など一部の因子において個人の認知要因に値する項目が含まれている。

これらの項目から，生徒は学校におけるある具体的な一場面に対して，思考や感情を持ち，それをどの程度嫌悪的に感じるかによる過程から生じるように思われる。本研究では，この視点に着目し，「個人が経験している学校ストレッサーに対して，主観的に感じる嫌悪刺激」を主観的学校ストレッサーと定義することとした。主観的学校ストレッサーは，従来の学校ストレッサーに比べ，より主観的な内容に焦点を当てて学校ストレッサーを捉え

ることができると思われる。また，従来の学校ストレッサーは「学業」や「友人関係」など場面の分類を中心とした学校ストレッサーとなっていることから，特に，日常場面における学校ストレッサーとして区別することとした。

　ストレス軽減の対処の一つとしてストレス場面を取り除くことがストレス軽減につながるが，学校現場でストレス場面を取り除くことは難しい状況である。そこで，主観的学校ストレッサーについて対処する方が教師にとっては対処しやすいと言える。

　このような個人の認知要因を焦点にした主観的学校ストレッサー尺度は，中学生を対象としたものでは武井（1998），高校生を対象としたものとしては今村（1999）の学業に限定した尺度以外見受けられない。また，高等学校進学の際には，従来とは違う対人関係を作り直さなければならないことも多い。さらに文部省（1998）の調査では，教師との関係も中学校とは異なるという点がみられた。このことは高校生の心理的ストレス過程が一概に同じとは言い難く再考の余地が残る。さらに，武井（1998）は，中学生は嫌悪性の原因を自分のどういう感情から起こりうるのかという認知能力の困難性を指摘しているが，高校生では認知能力が発達し向上するため結果が異なる可能性も考えられる。

　そこで本研究では，高校生の主観的学校ストレッサー尺度を開発し，どのような因子が存在するのか明らかにすることを目的とする。

第3節　学校ストレッサーとストレス反応との関係

　本節においては，学校ストレッサーとストレス反応の関係について，先行研究を概観する。

　ストレス反応の研究は，新名・坂田・矢冨・本間（1990）の尺度をもとに，岡安・嶋田・坂野（1992b）は中学生用ストレス反応尺度を作成し，因子分析

の結果,「不機嫌・怒り感情」「身体的反応」「抑うつ・不安感情」「無力的認知・思考」の4因子を抽出している。また,嶋田ら(1995)は高校生を対象にストレス反応尺度を作成しているが,同じような内容で4因子構造となっている。

日常場面における学校ストレッサーとストレス反応との関係について,岡安ら(1992a)では「友人関係」ストレッサーと「抑うつ・不安感情」の間,および「学業」ストレッサーと「無力的認知・思考」の間にかなり強い関連性があることを指摘している。さらに「教師との関係」や「友人関係」という人間関係のストレッサーが「不機嫌・怒りの感情」と,「学業」ストレッサーが「身体的な不調」と関係している傾向がうかがえることも指摘している。高校生について嶋田ら(1995)は,「学業」ストレッサーと「無気力」,「教師との関係」ストレッサーと「不機嫌・怒り」,「友人関係」ストレッサーと「抑うつ・不安」,「進路」ストレッサーと「不機嫌・怒り」の間に強い関連性があることを指摘しており,嶋田(1998)における小中学生対象の調査と一致している。

坂・真中(2002)では「成績」ストレッサーと「不機嫌・怒り」,「進路」ストレッサーと「不機嫌・怒り」「身体反応」「抑うつ・不安」,「注意」ストレッサーと「不機嫌・怒り」「抑うつ・不安」の間に関連性があることを見出している。

一方,主観的学校ストレッサーとストレス反応の関係は,中学における武井(1998)以外にあまり研究されていない。武井(1998)では,経験頻度と嫌悪性を別々にして分析しており,経験頻度では,「利己主義」「対人関係」「遊び」「コミュニケーション」「能力」「周囲の他者」のストレッサーが「不機嫌・怒り」と,「利己主義」「周囲の他者」「遊び」のストレッサーが「無気力・不安」と,「遊び」「能力」「行動への強いこだわり」のストレッサーと「身体反応」が関連していることを明らかにしている。また嫌悪性では,「損をする」「遊べない」「嫌われている」「周りの人に悪い」「(行動)思うよ

うにいかない」「責任のないことを言われたくない」のストレッサーが「不機嫌・怒り」と，「目立ちたくない」「遊べない」「自信がない」のストレッサーが「無気力・不安」と，「遊べない」「目立ちたくない」「（行動が）思うようにいかない」「嫌われている」のストレッサーが「身体反応」と関連していることを明らかにしている。

　主観的学校ストレッサーとストレス反応との関係については，十分に研究がなされていない。本研究では主観的学校ストレッサーとストレス反応との関係についても調べていくこととする。

　また，先行研究からは，友人関係におけるストレッサーは，学業におけるストレッサーとともに学校におけるストレッサーの主要な要因となっていることがうかがえる。また，ストレス反応に対する影響力も大きいことも示唆される。そこでストレス対処のためには，友人関係についてのより細かな分析が必要と思われる。

第4節　友人関係に関する研究

　本節では，ストレス反応への影響が大きい友人関係の役割について先行研究を概観する。

　生徒は日常の学校生活において観察されるさまざまなストレッサーのうち教師との関係や友人との関係など，対人関係に関する出来事について特にストレスフルであると感じていることが明らかにされている（例えば，長根，1991；岡安ら，1992a；嶋田ら，1995）。高等学校の生徒は，小学校から中学校移行時に比べ，成績による輪切りや学区域の広域化により，従来とは違う友人関係を一から作り直さなければならないことも多く，入学時には生徒同士のサポートを受けにくい。また，文部省（1998）の高校中退者追跡調査では，高校生活における教師に対する評価で「気軽に話せる先生がいた」(26.6%)，「自分を信頼してくれる先生がいた」(22.8%) という評価がなされ中学校よ

り10％前後低く，教師からのサポートも十分に受けられない状態であると言える。

　それでは，対人関係が不調でストレスフルな状態にある生徒に対してどうすればストレスを低減することができるのであろうか。最近のソーシャルサポート研究において，ソーシャルサポートがストレス低減に役立つことも指摘されている。学校内におけるサポート資源は教師のサポートか友人サポートに限定されるが，本研究では友人サポートに焦点を当て，学校ストレスとの関係を明らかにすることにより学校不適応の問題への対処の仕方を考えていきたい。

　青年期における悩みの相談相手として同性の友人の占める割合が高く，重要な影響を与える他者として同性の友人を挙げていることが報告されている（松井，1990；嶋，1994）。一方で高等学校における教師のサポートの状況（文部省，1998）は低く，教師は相談相手にならないという報告もなされている。サポート資源として友人関係の要因をさらに詳しく調べていくことはストレス低減のためには大変重要である。そこで本研究では，友人のあり方とストレスとの関係についての研究を進めていくこととする。

　小此木（1976）は青年期における発達課題として，①内的な生物的成熟と社会・家族の態度の変化にともなう自己像や理想像の再構成，②依存や親密さの対象としての親からの分離と，家族以外の社会的自己の確立，③親から受け継いでいた前世代の価値観から脱却し，現世代および自分の個性に適応した価値観を身につけるための努力の3つを挙げている。

　一方，松井（1990）は友人関係が社会化に果たす機能として①安定化の機能，②社会的スキルの学習機能，③モデル機能を挙げている。以上のことから青年期の課題達成のため，青年期における友人関係の役割は重要であると言える。しかしながら，現代青年の友人関係が希薄化しているという指摘も多数されるようになってきている（松井，1990；吉岡，2001）。その結果，良好な友人関係を築くことが難しい状況になってきているとともに，青年期に

達成しなければならない課題を克服できずに学校における不適応へとつながっていると考えられる。

青年の対人関係と適応に関する論議において，これまでにいくつかの研究で類型化が行われている（岡田，1993；上野・上瀬・松井・福富，1994；落合・佐藤，1996）。石谷（1994）は，関（1982）の研究をもとに依存性の観点から，大学の男子学生および大学院生を対象に調査を行い，対人性のあり方について3つに分類している。第1は，特定の相手とともにいて，常に直接的に強化を受けていないと安定し得ないし，行動も起こせなかったり，自己の行動の準拠枠として絶えず他者を必要としたりするようなあり方の「依存性」。第2は，依存することへの不安から他者を受け入れず，全ての人に関心を示さないあり方の「関係拒否性」。第3は，自己の立場から判断し行動でき自律的であるが，同時に他者にも関心を示し，温かい相互的な関係を享受できるあり方の「親密性」である。さらに井ノ崎（1997）は，大学生を対象に調査を行い，現代青年の特徴である無関心性に着目し，依存することへの不安も感じずに全ての人にも関心を示さない「無関心性」を加えて，4つの下位尺度からなる対人関係性尺度を作成している。

友人関係とストレスの関係については，Lazarus & Folkman（1984）のモデルにおいて，ソーシャルサポートがコーピングのひとつとして考えられているが，友人からのソーシャルサポートもストレス低減の要因となりうる。一方で長根（1991），岡安ら（1992a），嶋田ら（1995）のように友人関係は学校におけるストレッサーとしては重要な要因となっている。本研究ではどのような友人関係のあり方がストレスに対して肯定的に働くのか，また否定的に働くのかについて研究を進めていくこととする。

岡安・嶋田・坂野（1993a）はソーシャルサポートの観点から中学生の女子において，友人のサポートが無力感に対してストレス低減効果があることを示している。しかしながら友人関係のあり方については上野ら（1994）のような分類をせずに，友人としてひとまとめにして調査している点で疑問が残

る。どのような友人関係がストレス低減効果をもたらすのか詳しい調査が必要なのではないだろうか。一方で橋本（2000）は大学生の対人方略と精神的健康との関連において，対人方略を4つに分類し，その中で自己も他者も省みない無関心群が，精神的健康度が高いことを述べている。しかしながら橋本（2000）は無関心群についての適応について，自己の内面においては適応的であるが，社会性という観点からは必ずしも適応的でないという疑問を投げ掛けている。このことは現代の高校生の友人関係を考える上で重要な観点であると言える。

　高橋（1969）は依存性をそれ自体発達変容するものであり，依存性の発達変容の過程が自立性の発達過程であるとする立場に立っている。また関（1982）は依存性を，肯定的な反応を他者に求める傾向であり人間に対する関心の向け方を記述する概念と捉えている。本研究では，子どもから大人へと変容する時期にあり，友人関係の希薄さが問題になっている現代の高校生の友人関係を知る上で依存性の観点から友人関係を捉え直したいと考える。また友人関係を依存性の観点から捉え，ストレスとの関係を調べた研究は見られない。そこで依存性の観点から友人関係のあり方と学校ストレッサー，ストレス反応との関係を調べることとする。

第5節　学校ストレッサー，ストレス反応，友人関係における性差

　一般に，学校ストレスや友人関係には性差が存在することが知られている（例えば，三浦・川岡，2008；榎本，1999）。本節では，第3節，第4節で取り上げた学校ストレッサー，ストレス反応，友人関係における性差について先行研究を概観し，課題を明らかにする。

１．学校ストレッサーにおける性差

　高校生を対象とした学校ストレッサーに関する性差の研究は、三浦・川岡(2008)において、女子が男子より得点が高かったストレッサーは「学業」「校則・規則」であった。坂・真中(2002)では、「成績」「進路」で女子が有意に高く、野口・西村(1999)は「生活指導」「友人関係」「教師との関係」で女子が有意に高かったことを報告している。その他の先行研究でも女子が男子よりストレッサー得点が高いことが指摘されている（例えば、菅・上地、1996；三川、1998；嶋田ら、1995）。先行研究では、日常場面におけるストレッサー得点はほとんどの尺度で男子より女子の方が高いことが明らかとなっている。一方で認知要因に焦点を当てた学校ストレッサーではどのような性差が生じているのか研究は進んでいない。認知要因に焦点を当てた学校ストレッサー得点においても男子より女子の方が高くなるのか調査する必要がある。

２．ストレス反応における性差

　高校生を対象としたストレス反応における性差の研究は、坂・真中(2002)は、「身体反応」「抑うつ・不安」で女子の方が有意に高いことを報告している。菅・上地(1996)は、「不機嫌怒り」で男子が有意に高いことを指摘している。性差がみられる場合は、「抑うつ・不安」で女子の方が高く、「不機嫌怒り」では男子の方が高いことが示唆される。一方で坂野・嶋田・三浦・森・小田・猿橋(1994)は、「無気力」、「不機嫌怒り」、「抑うつ不安」で性差は見られなかった。嶋田ら(1995)でも同様に有意な性差は見られず性差について一定していない。ストレス反応の性差について一貫した性差が見られるのかどうかさらに検討する必要である。

3．友人関係における性差

　三浦・川岡（2008）の学校ストレッサーに見られるように，友人関係は学校ストレスに影響を与える要因の一つとなっている。関（1982）では大学生を対象にして対人関係において女子は依存性得点が高く，男子は関係拒否性得点が高いことを指摘している。久米（2001）では，関（1982）の尺度をもとに，友人関係の性差について調査し，依存性得点には性差が見られなかったこと，関係拒否性得点は男子が有意に高いこと，親密性得点では女子が有意に高いことを報告している。中園・野島（2003）は，大学生を対象に友人関係の性差を検討し無関心群は女性より男性に多かったと指摘している。これらの研究により，大学生においては，親密性や依存性といった対人関係の結びつきを高める関係性においては女子の得点が高く，関係拒否や無関心といった対人関係の結びつきを好まない関係性においては男子の得点が高いことが示されている。しかしこれらの研究は主に大学生を対象としており，友人関係において高校生は大学生と同じような性差が存在するのか明らかになっていない。ホームルームにおける友人関係を中心とする高校生と，多様なグループが存在し，その中で形成される友人関係を持つ大学生では性差が異なる場合も考えられる。本研究では高校生を対象として，友人関係における性差について調べることとする。

4．学校ストレッサー，ストレス反応，友人関係の関連性における性差

　学校ストレッサー，ストレス反応，友人関係の関連性における性差の研究について，先行研究では，学校ストレッサーとストレス反応との関連において，性差について検討を行っている研究はほとんど見られなかった。また，友人関係のあり方と学校ストレッサー，ストレス反応との関係について，性別によるメカニズムを検討した文献はほとんど見られない。ストレス反応要因にどの友人関係要因が影響を与えているのか，また，ストレス反応要因に

どの学校ストレッサー要因が影響を与えているのか男女別に明らかにすることができれば，性別を考慮して友人関係のあり方への対応や，学校ストレスへの対応を考えることができると思われる。本研究では，高校生の友人関係のあり方と主観的学校ストレッサー，ストレス反応との関係におけるモデルをもとに，性別によるメカニズムの違いを明らかにすることを目的とする。

第6節　友人グループに関する研究

　第4節では，個人と個人のレベルにおける友人関係に関する研究について取り上げた。本節では，個人とグループのレベルにおける友人関係として友人グループを取り上げ，先行研究を概観し，課題を明らかにする。

1．友人グループ研究における課題

　高校生の発達段階における友人関係は，グループで活動することも多く，友人グループの所属はその人に多大な影響を与えることが予想される。そのため，友人グループにおける個人の状況について知見を得ることは重要である。しかしながら，井上・伊藤（2007）が指摘するように，従来の研究では友人関係は個人同士の関係を捉えたものが多く，個人とグループとの関係を捉えた研究は少ない。さらに石田・小島（2009）は，友人グループの研究は，グループに関する問題が生じやすい女子のみを対象としたものが多く，友人グループの状態や特徴，友人グループとのかかわりについて，男女を含めた研究は少ないことを指摘している。また，友人関係は，ストレスと密接な関係があることが多くの研究で明らかになっている（例えば，岡安ら，1992a）が，友人グループのストレスへの影響についての研究はほとんど見られない。

2．友人グループにおける性差

　友人グループの特徴には，性差が存在することが明らかになっている。石

田（2002）では，中学生の仲間集団の構造について検討しており，男子は複数の集団に所属しており，集団同士のつながりを持っているのに対し，女子の集団は閉鎖的で相互に独立していることを明らかにしている。また，男子は集団的な遊びを中心として仲間集団が形成されるのに対し，女子は相互に独立した比較的少数の仲間集団が形成されやすいことも指摘している。Gabriel & Gardne（1999）は，女子の友人関係は，少人数での自己開示と親密さが中心となる関係が特徴である。一方，男子の友人関係は，大人数の仲間集団の中での価値や達成，尊敬が中心となる関係が特徴であることを述べている。石田・小島（2009）は，このような中学生の仲間集団の性差は，仲間集団との関わり方やつきあい方にも影響を及ぼすことを指摘している。

　また，友人グループに対する認識や関わりについての尺度を作成した研究は，中学生，高校生や大学生の女子を対象とした研究でいくつか見られる（例えば，佐藤，1995；三好，1998；服部，2006）。服部（2006）においては，中学女子のグループを対象に，グループをどのように認識しているかというグループ認識尺度と，グループ内で実際にどのように行動しているかというグループ内行動尺度を作成している。グループ認識尺度には6つの下位尺度があり，「居場所の確保」「自己主張の抑制」「欺瞞的親密さ」「情報的支え」「グループ間閉鎖性」「情報交換の利便性」となっている。グループ内行動尺度には5つの下位尺度があり，「表面的同調」「自己開示」「密着行動」「グループ間の柔軟な移動」「話題選択の配慮」となっている。この尺度は，友人グループに所属することで居心地のよさを感じられるなどの肯定的な側面が存在する。一方で，グループのメンバーに気を遣い，自己主張せずに周りに合わせているなど否定的な側面が垣間見られる内容となっている。

　これらの研究は，女子特有のグループの状態を捉えた尺度となっており，男子との比較がなされていない。男子と比較したときに，これらの尺度は，女子特有のグループの状態を把握したものになっているのかは明らかになっていない。また中学生を対象としており，発達段階の違う高校生については

異なる要因が存在する可能性も考えられる。

　また中学生の男女を対象とした友人グループの研究は，井上・伊藤（2007）の研究が挙げられる。この研究においては，中学生の友人グループ関係測定尺度を作成している。友人グループとの心理的距離をどのように考えているかという視点と，どのような気持ちでつきあっているかという視点から捉えた尺度となっており，「友人グループからの回避」「友人グループから疎外されることへの不安」「友人グループへの信頼」の3因子を抽出している。しかし，これらの因子における性差については検討されていない。

第7節　学校移行期における適応

　第1節より，高校における中途退学者は1年生で最も多く，高校入学後早期に対応することが必要となっている。本節では，中学校から高等学校における学校移行期における適応について，学校ストレスの観点を中心として，課題を明らかにする。

1．学校移行期における適応状況

　高校入学後早い段階で学校不適応を起こす生徒は，中学校段階での要因が高校における学校不適応につながる要因として存在する可能性が考えられる。しかしながら，現状では高校入学前の情報は少なく有効な手立ては取られていない。小学校から中学校への進学，中学校から高等学校への進学など新たな学校へ進学する学校移行の研究では，新しい学校環境への移行は生徒に対してストレッサーの増加，成績の低下や欠席日数の増加などの影響を与えるという報告が多く（例えば，永作・新井，2005；Isakson & Jarvis, 1999；Seidman, Allen, Aber, Mitchell, & Feinman, 1994；Seidman, Aber, Allen, & French, 1996），学校移行と学校不適応との関連が指摘されている。新潟県教育委員会（2005）は，小学校における学校不適応は中学校における学校不適応に影響している

ことを指摘している。同様に中学校における学校不適応は高校における学校不適応に影響を与えていることも考えられる。

2．学校移行に影響を与える要因の検討

　学校移行期における研究において，永作・新井（2005）は自律的高校進学動機尺度を作成し，高校入学時の進学動機が自律的な生徒は学校適応感が高く，自律的でない生徒は学校不適応感が高いことを指摘している。また，学校不適応の問題は学校ストレスが関係していることも多く（嶋田，1998），学校移行期における学校不適応の問題も学校ストレスの要因に着目する必要があると思われる。

　学校移行期における学校ストレスと学校不適応の関連の研究では，長原・国里・伊藤・在原・鈴木（2007）は入学時のストレッサーと学校不適応とが関連があることを指摘している。しかし入学時特有のストレッサーに着目しており，入学前のストレッサーについては調査されていない。また，金城・前原（1997）では，中学校におけるストレッサーは中学校入学以前のストレッサーを引き継いでいる可能性を示唆している。同様に高校におけるストレッサーについても入学後のストレッサーは，中学校におけるストレッサーを引き継いでいる可能性も考えられる。しかしながら，高校における調査は行われていない。さらにストレス反応と学校不適応感との関連について，嶋田（1998）はストレス反応と学校不適応感は密接な関係があることを見いだしている。同様に，松尾・佐藤（2003）は，ストレス反応と学校が楽しいと感じる学校享受感は負の関連があることを指摘している。しかしこれらの研究は学校移行期において調査されていない。学校移行期においても同じような知見が得られるのか調べる必要がある。金子（2001）は，定時制高校を対象として中学時の欠席状況をもとに不登校生徒の学校適応感の研究をしており，中学から不登校であった生徒は高校でも不登校になる可能性が高いことを指摘している。また，文部科学省（2010）の調査によると，中学3年時に不登

校の生徒が高校に入学して継続して不登校である割合は，約4割にのぼることを明らかにしている。しかしながら，中学時の欠席状況と入学後の学校適応との関連は検討されていない。入学後の欠席状況だけでなく，成績や問題行動との関連についても検討することは意義があると考える。本研究では高校入学後の学校不適応を考える上で，入学前の進学動機，学校ストレッサー，ストレス反応，中学3年時の欠席状況の個人的要因を検討することは重要であると考える。

第8節　主観的学校ストレッサー尺度の再考

　吉原・藤生（2001）で作成された主観的学校ストレッサーについて，近年，ストレッサー尺度として，内容的妥当性に疑問があるのではないかと考えられるようになってきた。本節では，主観的学校ストレッサー尺度の妥当性についての課題を明らかにする。

1．主観的学校ストレッサーの妥当性

　近年，Beck, Rush, Shaw, & Emery（1979）の認知療法における「自動思考」という概念が，主観的学校ストレッサーの概念と密接に関係しているのではないかと思われる。「自動思考」とは，抑うつを引き起こすゆがんだ認知であり，「ある状況で自動的に頭の中に浮かんでくる考えやイメージや記憶」と定義できる。つまり，人がストレッサーに遭遇したとき，瞬間的に「イヤだ」という気持ちを感じる。この反応は一瞬のうちに行われるが，ストレッサーに遭遇してから感情が生まれるまでの間に，「自動思考」という認知のステップが存在している。

　主観的学校ストレッサーの項目内容から，自動思考を含む思考を表した項目が含まれているのではないかと思われる。思考とは「感覚や表象の内容を概念化し，判断し，推理する心の働きや機能」と定義される。主観的学校ス

トレッサーも思考も，ある出来事に対する認知を取り上げている点では同じである。しかし，坂本・田中・丹野・大野（2004）における自動思考尺度は，どの程度自動思考を想起するか問う尺度になっているが，主観的学校ストレッサー尺度は経験頻度と嫌悪度を問う尺度になっている点で異なる。その他，主観的学校ストレッサーの項目内容には，ストレス反応を表した項目も含んでいるのではないかと思われる。

　本研究では，再度，主観的学校ストレッサーの項目内容を精査し，内容的妥当性について検討を加えることとする。

2．経験頻度と嫌悪度を掛け合わせた得点による分析の妥当性

　岡安ら（1992a）は，嫌悪度が高くともその経験がなければ，その出来事はストレッサーとはなり得ず，逆に嫌悪度が低くても経験頻度が多い出来事ならば，その出来事は生徒にとってストレッサーになり得ると考え，経験頻度の得点と嫌悪度の得点を掛け合わせた得点を採用し，分析を行っている。さらに岡安・嶋田・坂野（1993b）では，経験頻度，嫌悪度，経験頻度×嫌悪度の3つの指標のストレス反応への説明力について検討することで尺度の妥当性を検証している。その結果，ストレス反応の各下位尺度によってそれぞれの指標による説明力に差があることを明らかにしているが，それほど顕著な差は見られず，経験頻度×嫌悪度の指標を適用することが最も妥当ではないかと結論づけている。

　一方，武井（1998）は，ストレッサー尺度を経験頻度，嫌悪度，経験頻度×嫌悪度に分けて因子分析を行い，因子構造の相違を検討した。その結果，経験頻度×嫌悪度の因子構造は，経験頻度と類似した因子構造を示し，嫌悪度の因子構造とは異なる構造であると判断し，経験頻度と嫌悪度に分けてそれぞれについて分析している。

　主観的学校ストレッサーでは，岡安ら（1992a）に倣って，ストレッサーに対する経験頻度と嫌悪度を測り，その得点を掛け合わせた得点を項目得点と

して分析を進めた。しかし，この得点による尺度の作成は，経験頻度のみの得点による分析や，嫌悪度のみの得点による分析と，どのような相違が出てくるのか，明らかになっていない。岡安ら（1992a）にならって，経験頻度と嫌悪度を掛け合わせた得点を項目得点として採用していることが，妥当な選択なのか検討する必要があると思われる。

第2章 目　　的

第1節　目的

　第1章では，最初に本研究の背景となる学校現場における学校不適応の現状と学校ストレスに関する研究，特に主観的学校ストレッサーの存在意義について論じた。次に主観的学校ストレッサーとストレス反応に関連する要因として，日常場面におけるストレッサーやネガティブライフイベント，友人関係，友人グループを取り上げ，その関連について検討した。最後に学校移行期におけるストレス要因と学校不適応との関連について展望した。その結果，以下のような問題点が挙げられた。

①既存の学校ストレッサー尺度は，「学業」「友人関係」など学校場面を分類した尺度になっており，尺度をもとに学校場面に対する環境調整を行うだけでは，教師にとって効果的な対処は難しいと思われる。そこで認知面に配慮した対処も行う必要があるが，認知面に焦点を当てた主観的学校ストレッサー尺度は開発されていない。

②学校ストレスに影響を与える要因の一つとして，友人関係要因が挙げられる。しかし，友人関係のあり方と学校ストレスとの関連について検討が十分なされていない。また，友人関係をグループの視点から捉え，学校ストレスとの関連を検討した研究はほとんど見られない状況である。

③高等学校における中途退学者の割合が高校1年で多い現状を考えると，できるだけ早い時期での対処が必要であると考えられる。そのため，中学校から高等学校への学校移行期における情報を得ることは早期に対応するためには重要である。しかしながら，調査の困難さからあまり研究が進んで

いない。中学校から高等学校への学校移行期におけるストレスなどの要因は，高等学校入学後の学校不適応に影響を与えると考えられるが，因果関係は明らかになっていない。

本研究では，以上の3つの問題点を解決するために，次のことを目的として研究を進める。

①認知面に焦点を当てた主観的学校ストレッサー尺度を作成し，その信頼性と妥当性を検討する。この尺度を開発し活用することで，教師にとって認知面に配慮した具体的な対処を行いやすくなると思われる。

②学校ストレスと友人関係要因との関連を明らかにするために，主観的学校ストレッサー，ストレス反応，および友人関係，友人グループの要因を取り上げ，その関連について明らかにする。一方で，学校ストレスや友人関係，友人グループには性差が見られることが明らかになっている点から，これらの性差によるメカニズムの違いについても検討する。

③中学校から高等学校への学校移行期において入学前の主観的学校ストレッサーなど学校不適応に影響を与える要因を取り上げ，入学後の学校不適応との関連を明らかにする。

第2節　本研究の構成

第1章では，学校ストレスと友人関係，友人グループ，学校移行期の問題について展望した。そして，これらの先行研究による知見を受けて，第2章（本章）では本研究の目的を明らかにした。これらの目的を受けて，本研究では以下に示す構成で展開される。

問題①を解決するために，第3章では，主観的学校ストレッサー尺度の開発を行いその信頼性と妥当性を検証する。第4章では，主観的学校ストレッサー尺度と日常場面における学校ストレッサー尺度，およびネガティブライフイベント尺度との関連を明らかにする。

問題②を解決するために，第5章では，友人関係性尺度の作成をする。続いて，友人関係のあり方と主観的学校ストレッサーおよびストレス反応との関係を明らかにする。また，第6章では，第5章を受けて，友人関係のあり方と主観的学校ストレッサーおよびストレス反応について性差の検討を行う。さらに，第7章では，友人グループ状態を表す尺度を作成する。続いて，友人グループの状態と主観的学校ストレッサーおよびストレス反応との関係について性差を踏まえて検討する。

　問題③を解決するために，第8章では，学校移行期のストレス関連要因を中心に入学前の要因と，入学後の学校不適応との関連について明らかにする。

　第9章では，近年の研究を受けて，再度，主観的学校ストレッサー尺度の妥当性について検討を行う。

　第10章では，本研究の総括的考察を述べる。

　各研究で用いる変数及びその関連を Figure 2-1 に表す。

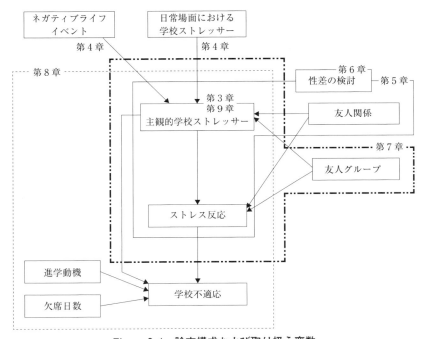

Figure 2-1　論文構成および取り扱う変数

第3章 主観的学校ストレッサー尺度と
ストレス反応尺度の作成

第1節 主観的学校ストレッサー暫定尺度の作成

目的

自由記述方式の質問紙により生徒の立場からとらえた学校ストレッサーの項目収集を行い，岡安ら（1992a），嶋田ら（1995）の因子構造，武井（1998）の因子構造と照らし合わせて学校現場で対処可能な主観的学校ストレッサー尺度の項目選定を行う。

方法

1．対象者
公立高校全日制普通科1年40名（男子11名，女子29名）と定時制普通科1年27名（男子10名，女子17名）を対象とした。

2．実施時期
2000年11月中旬

3．手続き
研究者と大学院指導教員とにより，長根（1991）の教示文を参考に質問項目を検討した。さらに予備手続きとして実際に高校1年生2名に調査を実施後，半構造化面接を行い，質問事項を決定した（Table 3-1）。

調査は対象者の学校において，授業時間の一部を使い各授業で実施した。回答は自由記述方式，無記名で，対象者のペースで回答させた。回答時間は15分とした。

Table 3-1　自由記述質問項目

質問 1	あなたが高校生活において，どういうことでイライラしたり，キレたりしますか。高校入学時から今までの生活を振り返って思いつくままに具体的に書き出してみてください。
質問 2	あなたが高校生活において，どういうことで落ち込んだりしますか。高校入学時から今までの生活を振り返って思いつくままに具体的に書き出してみてください。
質問 3	あなたが高校生活において，どういうことで焦ったりしますか。高校入学時から今までの生活を振り返って思いつくままに具体的に書き出してみてください。
質問 4	あなたが高校生活において，どういうことでドキドキしたり，緊張したりしますか。高校入学時から今までの生活を振り返って思いつくままに具体的に書き出してみてください。

結果

自由記述の結果，368件の反応項目が得られた。

最初に嶋田ら（1995）の分類を参考にKJ法を用いて各項目を短冊化し，場面ごとにグルーピングを行うことによってカテゴリー化した（Table 3-2）。

その結果，嶋田ら（1995）の因子における「学業」は「テスト」「授業」「勉強」「宿題」に対応し，「教師との関係」「注意」は「教師」に対応し，「進路」は「進路」に対応しているものと思われる。さらに「友人関係」は「友人関係」，「対人関係」「異性関係」「先輩後輩関係」と関係が深いと言える。その他に「部活動」「アルバイト」「初めてのこと」「特別な状況」「家族」「不登校」などのカテゴリー化がなされた。「自分自身」「時間的制約」というカテゴリーはそれぞれ今村（1999）の「自己嫌悪」「時間不足への不満」に相当するものと思われる。

考察

自由記述による調査の結果から，「自分自身」や「時間的制約」などのカテゴリーは認知要因を表す項目が含んでいる。このことから，学校ストレッサーの中には，武井（1998）が指摘したように，認知要因によるストレッサ

Table 3-2　KJ 法による自由記述の場面的分類

分類	項目	反応数
自分自身	他の人と比べて自分ができていないとき	7
	時間がないのにやるべきことがたくさんあるとき	4
	自分のこと	3
	遅刻したときに授業をしている教室にはいるとき	2
	失敗したとき	2
	自分が自分でなくなったとき	2
	自分のやったことで失敗したり納得できなかったとき	2
	思い通りに物事が進まないとき	2
	ほとんどのことでドキドキ緊張したりします	1
	クラスの仕事など何をしていいかわからなかったとき	1
	自分の中で許せないことがあったのに何もできないとき	1
	自信が無くなったとき	1
	自分自身の未熟さを感じたとき	1
	自分だけ何もできなかったとき	1
	自分の心にやましいことがあるとき	1
	いまいち遊び足りないと欲が出るとき	1
	大事なことがうまくいかなかったとき	1
	生きることを焦っているのかもしれない	1
	焦らないことに焦っているのかもしれない	1
	わからなくって何もできなくなったとき	1
	言ったことに責任が取れないやつがいたとき，自分が取れなかったとき	1
	苦手なことをするとき	1
	毎日がつまらなくそんなことはない	1
	こんな学校ではドキドキなんて言葉すら聞かない	1
	何もおもしろいことがない。同じことの繰り返しの毎日	1
友人関係	友達のこと	4
	上手く会話ができなかったとき	2
	みんなが同じものを持って同じ行動をするのがめんどい（携帯）	2
	仲良かった友人が冷たくなったとき	2
	友達関係	2
	みんなが自分の力を過小評価しすぎるとき	1
	自分勝手な友達に言いたいことを全部言った	1
	気にしていることを言われたとき	1
	自分の意見を聞いてもらえず一方的に押しつけられたとき	1
	新しくできた友人との意見考え方の違い	1
	変なあだ名で呼ばれたとき	1
	生活や友達などすげーつまんないとき，おもしろくないとき	1
	苦手なことを押しつけられたとき	1
	他の人と意見が食い違ったとき	1

Table 3-2　KJ 法による自由記述の場面的分類（つづき）

分類	項目	反応数
友人関係	裏切られたとき	1
	けんかしたとき	1
	靴を隠されたとき	1
	友達が嫌だったとき	1
	友達が休学したとき	1
	友達が自己中で自分のことしか考えなくみんなに迷惑をかけているのがわかっているのを見ているとき	1
	友達が約束を破ったこと	1
	友人の大切なものを壊したとき	1
	中学の友達と遊べないとき	1
	友達と色々あったとき	1
	友達と話すとき	1
	友達に会えなかったとき	1
	友達に嫌なことを言われたとき	1
	友達に話してもあまり聞いてくれないとき	1
	友達の友達などよく知らない人と話すとき	1
	体育の時間グループを作るとき話しかけることができずひとり残ったとき	1
	入学当初仲良かった友達が急に学校に来なくなったとき，ひとりでお弁当を食べて寂しかった	1
異性関係	恋愛関係	4
	好きな人と話すとき	3
	好きな人にふられたとき	3
	好きな人のこと	3
	好きな人を見かけたとき	2
	恋	2
	かわいい人がいるかどうか（男女関係）	2
	好きな人が振り向いてくれないとき	1
先輩後輩関係	先輩達ににらまれたとき	4
	自分は普通に学校生活を過ごしているのに話したことのない先輩が僕を嫌っている	2
	先輩後輩関係	1
	先輩達と話すとき	1
	弱いくせにいきがっている2，3年生	1
対人関係	授業中うるさい人に対して	2
	人間関係	2
	早く行動しなければならないのに他の人がとろとろしているとき	2
	電車の中で座ったりする人がいること	1
	自分の得意なものを変化ないとか成長していないとか言われたとき	1
	あなたの気持ちはわかると言われたとき	1

Table 3-2　KJ法による自由記述の場面的分類（つづき）

分類	項目	反応数
対人関係	対人関係がうまくいかないとき	1
	黒板が前にいる人たちによって見えないとき首を落としたくなる（大鎌で）	1
	人に対してむかつくとき	1
特別な状況	はげたとき	1
	手術をすることになったとき	1
	弁当の箸が折れたとき	1
	そのときの状況次第	1
	まわりのこと	1
テスト	テストの点が悪かったとき	26
	テストを受けているとき	12
	テストが近いとき	9
	テストが返ってくるとき	5
授業	みんなの前で発表するとき	12
	授業中にかけられるとき	10
	授業	5
	授業がわからないとき	5
	予習していないところがあたりそうなとき	3
	授業の進度が早すぎるまたは遅すぎる	3
	発表で自分の番がきてステージに上がるまで	1
	体育の時間雨が降っているとき	1
勉強	勉強がわからないとき	19
	家庭学習が上手くできなかったとき	1
	覚えることが多い	1
	勉強が多く追い詰められるとき	1
	勉強する気が起きない	1
	友達ががんばって勉強しているとき	1
	勉強と部活の両立ができないとき	1
宿題	宿題が多いとき	7
	宿題が終わらなかったとき	6
	忘れ物をしたとき	4
	提出物が間に合わないとき	2
	宿題が多く遊ぶ時間が少ない	1
進路	進路がしっかり決まらないこと	6
	3年で卒業できるか	3
	赤点がいっぱいあってだぶりそう	2
時間的制約	遅刻しそうになったとき	7

Table 3-2 KJ法による自由記述の場面的分類（つづき）

分類	項目	反応数
時間的制約	バスや電車に乗り遅れそうになったとき	2
	朝寝坊をしてしまったとき	2
	休みがつぶれたとき	2
	電車が少ないから帰りたいとき帰れないこと	1
	時間内で授業が終わらず休み時間がつぶれたとき	1
	家が遠い	1
部活動	大会	5
	部活で失敗したとき	3
	部活などで自分の納得ができなかったとき	3
	部活で技術がなかなか上達しないこと	2
	部活で思い通りに行動できない	2
	部活で注意されたとき	1
	部活動で調子が悪いとき	1
	部活動での技術，友人関係	1
	部活に遅刻したとき	1
	部活のことで悩んでいたとき	1
	部活の顧問に対する不満	1
	部活の練習であまり上手にやれなかったとき	1
	部活の練習の時など	1
	部活を続けるかどうか	1
	部活がうまくいかないとき	1
	勉強と部活の両立ができないとき	1
教師	先生に怒られたとき	6
	放送で呼び出されたとき	1
	勉強とか進路とかいちいちうるさい（学校）	1
	数学の時先生がみんなわかってないのに先に進んでテストの点が悪かったこと	1
	先生がうるさいとき	1
	先生が答えがわからないだけで文句言ったりするとき	1
	先生がむかつく。死んでほしいと思う。	1
	先生に話をしても聞いてくれないとき	1
	先生に予定外のことを言われたとき	1
	学校の中だからと思いきれい事を並べられたとき	1
	掃除の時一生懸命やっていたのに他のさぼっている人たちの分まで怒られたこと	1
	ゴミ箱付近のゴミが落ちていたのを捨てようとしたら先生に手で拾うなと言われたとき	1
	たった1日くらい休んだくらいでガミガミ言ってくる先生	1
	話のわかる先生が少ない	1

Table 3-2 KJ法による自由記述の場面的分類（つづき）

分類	項目	反応数
教師	校長先生の顔がわからない	1
アルバイト	アルバイト先でのこと	2
	アルバイトでミスしたとき	2
	友達がバイトで「首になっちゃった」とか言ったとき（かわいそうに思う）	1
	アルバイトの面接，仕事	1
	バイトでお客様と話をするとき	1
初めてのこと	初めての人と初めて話すとき	4
	初めてやることについて	2
	面接の時	1
	入学時	1
	入学したばかりの頃の自己紹介	1
	未経験のことをどうしたらいいのかわからなかったとき	1
家族	家のこと	3
	家で怒られたとき	2
不登校	少しの間不登校になったとき	1
	中学校に行っていないのでほとんどのことが初体験で	1
行事	行事	2
	文化祭の準備の時まじめにやってくれないとき	1

ーが存在する可能性を示しているものと思われる。また，主観的な学校ストレッサー項目が含まれていることは，高校生はストレッサーの原因を想起できる発達段階にあることもうかがえる。

そこで本研究では主観的内容を表す項目に焦点を当てカテゴリー化を行った。さらに場面描写から主観的な内容を想定して項目化を図り67項目を抽出し学校ストレッサー暫定尺度とした（Table 3-3）。

Table 3-3 主観的学校ストレッサー暫定尺度の項目内容

項目内容
1：気に入らないことを言われたと感じるとき
2：人が責任をとっていないと感じるとき
3：人に時間を守ってほしいと感じるとき
4：自分の中で許せないことがあったのに何もできなかったと感じるとき
5：自分の容姿に対して人に何か言われるのではないかと感じるとき
6：理解できそうにないと感じるとき
7：将来に対して見通しが立たないと感じるとき
8：やるべき事が間に合わないと感じるとき
9：自分が満足していないと感じるとき
10：人が不幸になっていると感じるとき
11：やりたくないことをやらされていると感じるとき
12：目立ちたくないと感じるとき
13：いつも同じでおもしろくないと感じるとき
14：自分の未熟さを感じるとき
15：自分の意見を聞いてもらえず相手の意見を押しつけられたと感じるとき
16：自分が悪くないのに怒られたと感じるとき
17：約束や決まりを守らなければならないと感じるとき
18：自分の行動が進級や進路に影響すると感じるとき
19：気が合わない人と一緒にいなければならないと感じるとき
20：やりたいことがやれないと感じるとき
21：人が自分の悪口を言っていると感じるとき
22：わかっていることをくどくど言われていると感じるとき
23：人と一緒にいてつまらないと感じるとき
24：遊び足りないと感じるとき
25：自分の本当の気持ちをわかってもらえないと感じるとき
26：人より劣っていると感じるとき
27：人が能力以上のことをしていると感じるとき
28：時間が足りないと感じるとき
29：相手に伝えたいことがうまく伝えられないと感じるとき
30：大事なことがうまくいかないと感じるとき
31：情けないと感じるとき
32：結果が悪そうだと感じるとき
33：自分だけが取り残されているのではないかと感じるとき
34：相手が劣等感をもっていると感じるとき
35：人に迷惑をかけていると感じるとき

Table 3-3 主観的学校ストレッサー暫定尺度の項目内容（つづき）

項目内容

36：人がきれい事を並べて自分を正当化していると感じるとき
37：難しすぎて自分の能力を超えていると感じるとき
38：自分の使える時間が減らされたと感じるとき
39：自分の能力をうまく発揮できないと感じるとき
40：自分ではどうしようもないことで人に怒られたと感じるとき
41：人前で恥をかきたくないと感じるとき
42：自分が悪いことをしていると感じるとき
43：自分に不利益な事を人から受けていると感じるとき
44：人が自分のペースを乱していると感じるとき
45：自分の長所を人に否定されたと感じるとき
46：失敗したくないと感じるとき
47：人の考えと自分の考えが違うと感じるとき
48：自分が望まない時間が長くなったと感じるとき
49：わかってもらえる相手がいないと感じるとき
50：いつもの自分でないと感じるとき
51：追い詰められたと感じるとき
52：話を聞いてもらえないと感じるとき
53：自分の技術が上達しないと感じるとき
54：自分を認めてもらえないと感じるとき
55：やってはいけないことを人がやっていると感じるとき
56：人に嫌われていると感じるとき
57：人にどう話しかけたらいいか迷いを感じるとき
58：自分がどう行動していいか分からないと感じるとき
59：自分が気に入らない事を人がしていると感じるとき
60：やる気が起きないと感じるとき
61：まわりに低い評価をされていると感じるとき
62：自分の思い通りに物事が進まないと感じるとき
63：人とうまくやっていけないと感じるとき
64：約束の時間に間に合いそうにないと感じるとき
65：信じていたのに裏切られたと感じるとき
66：悔しいと感じるとき
67：自信がなくなったと感じるとき

第2節　主観的学校ストレッサー尺度の作成

目的
　高校生の主観的学校ストレッサー尺度を作成し高校生の学校ストレッサーを明らかにする。

方法
1．対象者
　公立高校全日制普通科3校1，2年597名（1年男子133名，1年女子203名，2年男子131名，2年女子130名）。
　高校進学に関して，普通科を志望する中学生の比率が増えていることから普通科の高校に絞って調査をすることとした。また高校入試によって高校間において学力差が存在する実態を踏まえて，できるだけ偏りを無くすため，学力によって上位校，中位校，下位校に分けてサンプリングを行った。なお学力は進路状況をもとに判断した。

2．実施時期
　2001年1月下旬－2月上旬

3．調査測度
　高校生用学校ストレッサー暫定尺度：上述の予備調査によって構成された合計67項目の質問紙。回答方法は岡安ら（1992a）にならい，その学校ストレッサーに対する経験頻度，および，主観的な嫌悪度をそれぞれ4件法（得点範囲：0－3点）で評定を求める形式である。

4．手続き
　調査は対象者の学校において，LHRの時間の一部を使い各HRで実施した。回答は無記名で，対象者のペースで回答させた。回答時間は30分とした。

結果

1．基礎統計

岡安ら（1992a）にならい，学校ストレッサー項目の経験頻度と嫌悪度の素点を掛け合わせた値をその項目の得点（得点範囲：0―9点）とした。主観的学校ストレッサー尺度の項目の平均値は1.12―5.07の範囲にあり，標準偏差は2.13―3.35の範囲にあった（Table 3-4）。

Table 3-4　主観的学校ストレッサー尺度各項目の平均および標準偏差（N=597）

項目内容	平均値	標準偏差
1：気に入らないことを言われたと感じるとき	2.21	1.93
2：人が責任をとっていないと感じるとき	2.37	2.46
3：人に時間を守ってほしいと感じるとき	1.80	2.17
4：自分の中で許せないことがあったのに何もできなかったと感じるとき	2.70	2.65
5：自分の容姿に対して人に何か言われるのではないかと感じるとき	2.49	2.75
6：理解できそうにないと感じるとき	2.15	2.36
7：将来に対して見通しが立たないと感じるとき	2.77	2.97
8：やるべき事が間に合わないと感じるとき	3.89	2.95
9：自分が満足していないと感じるとき	3.23	2.82
10：人が不幸になっていると感じるとき	1.41	1.80
11：やりたくないことをやらされていると感じるとき	3.32	3.00
12：目立ちたくないと感じるとき	2.03	2.56
13：いつも同じでおもしろくないと感じるとき	3.15	3.15
14：自分の未熟さを感じるとき	4.11	3.23
15：自分の意見を聞いてもらえず相手の意見を押しつけられたと感じるとき	2.28	2.61
16：自分が悪くないのに怒られたと感じるとき	2.62	2.55
17：約束や決まりを守らなければならないと感じるとき	1.64	2.24
18：自分の行動が進級や進路に影響すると感じるとき	2.06	2.64
19：気が合わない人と一緒にいなければならないと感じるとき	2.50	2.74
20：やりたいことがやれないと感じるとき	4.23	3.25
21：人が自分の悪口を言っていると感じるとき	1.98	2.55
22：わかっていることをくどくど言われていると感じるとき	4.25	3.10
23：人と一緒にいてつまらないと感じるとき	1.77	2.30
24：遊び足りないと感じるとき	3.99	3.42
25：自分の本当の気持ちをわかってもらえないと感じるとき	2.84	2.82
26：人より劣っていると感じるとき	3.66	3.12
27：人が能力以上のことをしていると感じるとき	0.89	1.88
28：時間が足りないと感じるとき	5.07	3.35

Table 3-4　主観的学校ストレッサー尺度各項目の平均および標準偏差（*N*=597）（つづき）

項目内容	平均値	標準偏差
29：相手に伝えたいことがうまく伝えられないと感じるとき	3.14	2.96
30：大事なことがうまくいかないと感じるとき	3.64	2.98
31：情けないと感じるとき	3.68	3.15
32：結果が悪そうだと感じるとき	3.89	2.91
33：自分だけが取り残されているのではないかと感じるとき	3.44	3.15
34：相手が劣等感をもっていると感じるとき	1.35	2.25
35：人に迷惑をかけていると感じるとき	3.31	2.83
36：人がきれい事を並べて自分を正当化していると感じるとき	2.57	2.79
37：難しすぎて自分の能力を超えていると感じるとき	2.85	2.74
38：自分の使える時間が減らされたと感じるとき	3.59	3.19
39：自分の能力をうまく発揮できないと感じるとき	3.31	2.88
40：自分ではどうしようもないことで人に怒られたと感じるとき	2.19	2.60
41：人前で恥をかきたくないと感じるとき	4.22	3.20
42：自分が悪いことをしていると感じるとき	1.76	2.00
43：自分に不利益な事を人から受けていると感じるとき	1.72	2.35
44：人が自分のペースを乱していると感じるとき	2.05	2.52
45：自分の長所を人に否定されたと感じるとき	1.12	2.13
46：失敗したくないと感じるとき	3.66	3.14
47：人の考えと自分の考えが違うと感じるとき	1.51	2.14
48：自分が望まない時間が長くなったと感じるとき	3.36	3.15
49：わかってもらえる相手がいないと感じるとき	1.90	2.69
50：いつもの自分でないと感じるとき	2.05	2.67
51：追い詰められたと感じるとき	2.72	3.04
52：話を聞いてもらえないと感じるとき	2.06	2.60
53：自分の技術が上達しないと感じるとき	4.43	3.26
54：自分を認めてもらえないと感じるとき	2.46	2.93
55：やってはいけないことを人がやっていると感じるとき	2.72	2.85
56：人に嫌われていると感じるとき	2.30	2.58
57：人にどう話しかけたらいいか迷いを感じるとき	2.88	2.89
58：自分がどう行動していいか分からないと感じるとき	2.69	2.72
59：自分が気に入らない事を人がしていると感じるとき	2.82	2.82
60：やる気が起きないと感じるとき	4.19	3.29
61：まわりに低い評価をされていると感じるとき	2.40	2.67
62：自分の思い通りに物事が進まないと感じるとき	3.24	2.94
63：人とうまくやっていけないと感じるとき	2.63	2.87
64：約束の時間に間に合いそうにないと感じるとき	2.21	2.64
65：信じていたのに裏切られたと感じるとき	1.84	2.64
66：悔しいと感じるとき	4.29	3.24
67：自信がなくなったと感じるとき	3.60	3.12

2．因子構造

最尤法，バリマックス回転による因子分析を行った。解釈可能性の観点から6因子構造が適当と判断した。因子的に曖昧な項目，因子負荷量が低い項目を削除して再度同様の因子分析を行ったところ，最終的に6因子50項目（説明率47.40％）が高校生の学校ストレッサーとして抽出された。

第1因子は，自己に対する情けなさや未熟さを感じるという内容であり，「自己能力の低さ」の因子とした。第2因子は，人から自分に不利になることをされるように感じる内容であり，「人から受ける不利益」の因子とした。第3因子は，時間に対する不満を感じたり，遊びの時間に対する欲求を感じたりする内容であり，「有意義な時間の欲求」の因子とした。第4因子は，人から嫌われていると自己評価をしたりして，悪い評価をされていると感じる内容であり，「人からの評価」の因子とした。第5因子は，人とうまくやっていけないと感じる内容であり，「人とのつきあい方」の因子とした。第6因子は，人前でうまく振る舞いたいと感じる内容であり，「悪い結果の予想」の因子とした。各因子の項目内容，因子負荷量およびα係数についてはTable 3-5に示す。

3．信頼性

尺度の信頼性の指標としてCronbachのα係数を用い，各因子の内的整合性を検討した。その結果，各因子のα係数は.73－.88と高い値であり，各因子は一貫性の高い項目によって構成されていることが示された。

4．学年・性差の検討

各因子について因子得点を下位尺度得点とした。この下位尺度得点の平均値について，学年および性を各要因とした2要因の分散分析を行った（Table 3-6）。その結果，学年の主効果が有意であったのは「有意義な時間の欲求」（$F(1, 597)=8.16$, $p<.01$），「人とのつきあい方」（$F(1, 597)=5.05$, $p<.05$）であった。前者は学年が上がるに連れてストレスが低下するのに対し，後者はストレスが増す。性の主効果が有意であったのは「自己能力の低

Table 3-5　主観的学校ストレッサー尺度の因子分析結果（バリマックス回転後）

項目番号	項目内容	I	II	III	IV	V	VI	共通性
I　自己能力の低さ（α = .879）								
31	情けないと感じるとき	.71	.14	.11	.13	.10	.13	.55
14	自分の未熟さを感じるとき	.69	.11	.15	.09	.03	－.06	.49
67	自信がなくなったと感じるとき	.57	.05	.15	.12	.31	.18	.51
26	人より劣っていると感じるとき	.55	.05	.09	.18	.12	.18	.43
35	人に迷惑をかけていると感じるとき	.55	.18	.11	.22	.00	.04	.41
30	大事なことがうまくいかないと感じるとき	.52	.18	.32	.14	.08	.18	.50
53	自分の技術が上達しないと感じるとき	.52	.13	.19	.08	.13	.20	.43
66	悔しいと感じるとき	.49	.16	.17	.04	.22	.25	.46
4	自分の中で許せないことがあったのに何もできなかったと感じるとき	.49	.24	.06	.15	.14	－.09	.38
33	自分だけが取り残されているのではないかと感じるとき	.47	.12	.16	.29	.19	.19	.47
29	相手に伝えたいことがうまく伝えられないと感じるとき	.43	.28	.07	.26	.11	.04	.45
60	やる気が起きないと感じるとき	.39	.06	.29	.08	.15	.30	.41
II　人から受ける不利益（α = .830）								
36	人がきれい事を並べて自分を正当化していると感じるとき	.13	.58	.13	.04	.15	.03	.38
15	自分の意見を聞いてもらえず相手の意見を押しつけられたと感じるとき	.11	.55	.21	.10	.18	－.01	.44
2	人が責任をとっていないと感じるとき	.18	.54	.01	.03	.04	.07	.35
43	自分に不利益な事を人から受けていると感じるとき	.07	.54	.15	.12	.24	.13	.43
59	自分が気に入らない事を人がしていると感じるとき	.10	.53	.09	.11	.24	.24	.44
45	自分の長所を人に否定されたと感じるとき	.05	.51	.10	.20	.23	.00	.40
40	自分ではどうしようもないことで人に怒られたと感じるとき	.15	.50	.35	.19	.02	.00	.46
55	やってはいけないことを人がやっていると感じるとき	.16	.48	－.04	.11	－.04	.16	.35
44	人が自分のペースを乱していると感じるとき	.10	.45	.12	.06	.28	.16	.35
16	自分が悪くないのに怒られたと感じるとき	.07	.45	.34	.21	.09	－.11	.38

Table 3-5 主観的学校ストレッサー尺度の因子分析結果（バリマックス回転後）（つづき）

項目番号	項目内容	因子負荷量 I	II	III	IV	V	VI	共通性
Ⅲ	有意義な時間の欲求（α = .804）							
38	自分の使える時間が減らされたと感じるとき	.09	.21	.66	.00	.05	.10	.51
24	遊び足りないと感じるとき	.12	−.03	.60	−.05	.17	−.05	.39
20	やりたいことがやれないと感じるとき	.22	.05	.57	.06	.14	.12	.43
11	やりたくないことをやらされていると感じるとき	.06	.33	.53	.08	.08	.05	.43
48	自分が望まない時間が長くなったと感じるとき	.12	.15	.50	.12	.19	.15	.43
28	時間が足りないと感じるとき	.31	.02	.44	.01	.05	.27	.43
8	やるべき事が間に合わないと感じるとき	.30	−.01	.37	.11	−.05	.27	.40
9	自分が満足していないと感じるとき	.32	.10	.37	.05	.31	.11	.42
17	約束や決まりを守らなければならないと感じるとき	.05	.14	.35	.14	−.05	.10	.23
13	いつも同じでおもしろくないと感じるとき	.12	.22	.34	−.01	.30	−.07	.34
Ⅳ	人からの評価（α = .785）							
56	人に嫌われていると感じるとき	.29	.12	.02	.68	.26	.03	.58
21	人が自分の悪口を言っていると感じるとき	.17	.25	.03	.61	.14	.05	.52
5	自分の容姿に対して人に何か言われるのではないかと感じるとき	.20	.14	.06	.56	.13	.08	.43
57	人にどう話しかけたらいいか迷いを感じるとき	.22	.11	.01	.51	.24	.13	.51
58	自分がどう行動していいか分からないと感じるとき	.39	.12	.08	.45	.20	.17	.53
12	目立ちたくないと感じるとき	.01	.08	.16	.39	−.08	.15	.29
Ⅴ	人とのつきあい方（α = .824）							
63	人とうまくやっていけないと感じるとき	.27	.21	.07	.35	.53	.12	.53
49	わかってもらえる相手がいないと感じるとき	.26	.26	.15	.21	.53	−.09	.49
47	人の考えと自分の考えが違うと感じるとき	.07	.23	.12	.12	.46	.26	.38
54	自分を認めてもらえないと感じるとき	.38	.37	.07	.22	.42	.11	.56

Table 3-5　主観的学校ストレッサー尺度の因子分析結果（バリマックス回転後）（つづき）

項目番号	項目内容	因子負荷量						共通性
		I	II	III	IV	V	VI	
65：信じていたのに裏切られたと感じるとき		.23	.35	.10	.24	.42	-.06	.45
23：人と一緒にいてつまらないと感じるとき		.06	.29	.14	.13	.41	.01	.36
52：話を聞いてもらえないと感じるとき		.22	.36	.12	.29	.38	.02	.48
VI　悪い結果の予想（α = .732）								
46：失敗したくないと感じるとき		.22	.18	.17	.26	.07	.55	.47
41：人前で恥をかきたくないと感じるとき		.22	.11	.12	.38	.11	.44	.47
32：結果が悪そうだと感じるとき		.30	.11	.28	.17	.01	.43	.40
62：自分の思い通りに物事が進まないと感じるとき		.25	.25	.21	.06	.40	.40	.50
37：難しすぎて自分の能力を超えていると感じるとき		.25	.08	.28	.17	-.02	.29	.29
固有値		13.27	2.95	2.66	1.77	1.59	1.47	
因子寄与率（%）		26.54	5.89	5.33	3.53	3.18	2.93	
累積寄与率（%）		26.54	32.43	37.76	41.29	44.47	47.40	

さ」（$F(1, 597) = 12.79$, $p < .01$），「悪い結果の予想」（$F(1, 597) = 5.31$, $p < .05$）であった。両者とも女子の方がストレスを感じているという結果であった。交互作用が有意であったのは「人から受ける不利益」（$F(1, 597) = 4.27$, $p < .05$）であった。LSD 法による多重比較を行ったところ，1 年女子（$M = -0.242$）と 1 年男子（$M = 0.098$），1 年女子と 2 年女子（$M = 0.117$），1 年女子と 2 年男子（$M = 0.159$）との間で有意であった（$p < .05$）。1 年女子が，ほかのどの学年の男女よりも，有意に得点が低いことによる交互作用と考えられた。また，「人からの評価」については学年差・性差の主効果，交互作用には有意差が見られなかった。

Table 3-6 学校ストレッサー尺度の因子得点の平均, 標準偏差と分散分析結果

因子	学年 1	学年 2	主効果 学年	主効果 性	交互作用
Ⅰ 自己能力の低さ	−.16(.88)	−.14(.88)	0.01	12.79**	0.07
	.13(.89)	.10(.93)			
Ⅱ 人から受ける不利益	.10(.97)	.16(.90)	8.52**	7.00**	4.27*
	−.24(.77)	.12(.88)			
Ⅲ 有意義な時間の欲求	.07(.93)	−.09(.85)	8.16**	0.01	0.54
	.11(.89)	−.15(.81)			
Ⅳ 人からの評価	.01(.86)	−.11(.71)	1.18	1.53	0.39
	.05(.92)	.02(.91)			
Ⅴ 人とのつきあい方	−.03(.82)	.08(.83)	5.06*	0.12	0.33
	−.10(.80)	.10(.87)			
Ⅵ 悪い結果の予想	−.09(.77)	−.09(.81)	0.00	5.31*	0.01
	.07(.81)	.07(.83)			

1) 上段は男子, 下段は女子　2) 各セルの値は平均値を示す, ( ) 内はSD
3) 主効果, 交互作用の欄はF値　4) *$p<.05$, **$p<.01$

考察

1. 学年・性差の検討

「自己能力の低さ」の有意差については, 日頃から真面目にコツコツと努力するタイプの生徒が男子より女子の方が多いことが予想され, そのためにうまく行かなかったときの原因帰属を自分の能力の低さにおくことが多いのではないかと思われる。「悪い結果の予想」における有意差においても同様なことが考えられる。「有意義な時間の欲求」における学年の有意差は, 1年生は高校生活における1年間のサイクルを全て経験しておらず時間的な余裕がないのに対して, 2年生は1年を通じて学校生活を経験しているので学校生活の流れがつかめて余裕が持てるのではないかと思われる。また, 部活動等で2年生は下級生に任せる部分も増えて時間的にもゆとりが出てくることも考えられる。「人とのつきあい方」における有意差については, 2年生になると対人関係が固定化され深くなるにつれて, お互いの本音が出てきて

衝突することも多くなるのではないかと思われる。「人から受ける不利益」については，1年の女子が有意に低いのは，男子より女子の方が対人関係に気を使って2年より1年の方がまだ周りに気を使うことが多く，本音でつき合っていない分，衝突することも少なく低いのではないかと思われる。「人からの評価」については，有意な差が見られなかったことは，比較的どの段階においても同じようなストレッサーとして感じられると言える。

2．先行研究との比較

　主観的学校ストレッサー尺度における学業場面，対人関係場面との関連を考えてみると，「自己能力の低さ」は，今村（1999）の「自己嫌悪」に相当するものと考えられ，学業における劣等感からの影響が大きいと思われる。また「悪い結果の予想」については，テストや大会，発表会等において，成功失敗という結果の優劣がつく場面による影響が大きいと思われる。「人から受ける不利益」「人とのつきあい方」は，対人関係からの影響が大きいと思われるストレッサー因子であるが，「人から受ける不利益」は，相手から受けるストレッサーであり，「人とのつきあい方」は，相手と自分の相互作用の中から生まれるストレッサーであると言える。「有意義な時間の欲求」は，宿題やテストなど学業における影響の他，部活動など長い時間拘束される場面による影響が大きいと思われる。「人からの評価」は，自己に対する評価を気にすることによるストレッサーであり，対人場面に起こりうる場合と学業場面の成績の善し悪しによっても人からの評価はかなり影響すると思われる。

　武井（1998）との因子の関連では，「自己能力の低さ」は，「能力」「行動への強いこだわり」「（行動が）思うようにいかない」「自信が無い」との関連が予想される。「人から受ける不利益」は，「自己利益」「損をする」「責任のないことを言われたくない」「有意義な時間の欲求」は，「遊び」「遊べない」，「人からの評価」は，「対人関係」「嫌われている」「低い評価を受けたくない」，「人とのつきあい方」は，「コミュニケーション」，「悪い結果の予想」

は，「周囲の他者」「周りの人に悪い」「目立ちたくない」との関連が予想される。

第3節　ストレス反応尺度の作成

目的
高校生のストレス反応を調べるためのストレス反応尺度を作成する。

方法
1．対象者

公立高校全日制普通科3校1，2年691名（1年男子159名，1年女子232名，2年男子142名，2年女子158名）。

2．実施時期

2001年2月上旬―3月中旬

3．調査測度

岡安ら（1992b）による中学生用ストレス反応尺度全46項目のうち，4つの下位尺度から因子負荷量の高い順に4項目ずつ計16項目を高校生用ストレス反応尺度とした。下位尺度は，「抑うつ・不安感情」「不機嫌・怒り感情」「身体的反応」「無気力的認知・思考」であった。岡安ら（1992b）にならい4件法（得点範囲：0－3点）によって回答を求めた。

4．手続き

調査は対象者の学校において，LHRの時間の一部を使い各HRで実施した。回答は無記名で，対象者のペースで回答させた。

結果
1．基礎統計

ストレス反応尺度の項目の平均値は0.52－1.45の範囲にあり，標準偏差は

Table 3-7　ストレス反応尺度各項目のN，平均および標準偏差（N=691）

項目内容	平均値	標準偏差
1：いらいらする	1.28	0.82
2：頭の回転が鈍く考えがまとまらない	1.24	0.77
3：悲しい	0.84	0.91
4：さみしい気持ちだ	0.93	0.92
5：ひとつのことに集中することができない	1.36	0.90
6：目が疲れる	1.45	0.97
7：心が暗い	0.80	0.89
8：泣きたい気分だ	0.68	0.91
9：頭痛がする	0.57	0.82
10：何もやる気がしない	1.25	1.01
11：誰かに怒りをぶつけたい	0.91	1.02
12：身体から力がわいてこない	1.01	0.91
13：気持ちがむしゃくしゃしている	0.98	0.94
14：頭が重い	0.72	0.89
15：腹立たしい気分だ	0.74	0.92
16：頭がくらくらする	0.52	0.78

0.77—1.02の範囲にあった（Table 3-7）。

2．因子構造

　本研究では最初に3因子から5因子構造までを仮定して各項目の得点について，主因子法による因子分析（バリマックス回転）を行った。その結果，固有値の減数状況，解釈の容易さを考慮し，4因子構造を採用するのが妥当であると判断した。また因子負荷量が.30未満の項目，2つの因子に同じような負荷量を持つ項目など，削除すべき項目は存在しなかった。これより「抑うつ・不安感情」「不機嫌・怒り感情」「身体的反応」「無気力的認知・思考」の4因子16項目（説明率66.33%）が抽出された（Table 3-8）。

3．信頼性

　尺度の信頼性の指標としてCronbachのα係数を用い，各因子の内的整合性を検討した。その結果，各因子のα係数は.76—.87と高い値であり，各因子は一貫性の高い項目によって構成されていることが示された。

Table 3-8 ストレス反応尺度の因子分析結果（バリマックス回転後）

項目番号	項目内容	因子負荷量 I	II	III	IV	共通性
I	抑うつ・不安感情（α = .87）					
3	悲しい	.82	.18	.13	.24	.67
4	さみしい気持ちだ	.81	.20	.07	.19	.65
8	泣きたい気分だ	.65	.31	.21	.18	.54
7	心が暗い	.54	.23	.18	.31	.47
II	不機嫌・怒り感情（α = .86）					
15	腹立たしい気分だ	.26	.76	.24	.11	.60
11	誰かに怒りをぶつけたい	.16	.71	.17	.14	.49
13	気持ちがむしゃくしゃしている	.29	.70	.20	.31	.64
1	いらいらする	.23	.55	.17	.32	.47
III	身体的反応（α = .76）					
16	頭がくらくらする	.16	.15	.73	.16	.48
14	頭が重い	.16	.28	.71	.30	.59
9	頭痛がする	.10	.16	.70	.08	.43
6	目が疲れる	.06	.09	.35	.25	.19
IV	無気力的認知・思考（α = .76）					
5	ひとつのことに集中することができない	.21	.07	.13	.67	.36
12	身体から力がわいてこない	.21	.29	.29	.58	.50
10	何もやる気がしない	.19	.28	.21	.57	.44
2	頭の回転が鈍く考えがまとまらない	.18	.15	.14	.48	.28
	固有値	6.79	1.56	1.27	1.00	
	因子寄与率（％）	41.34	9.96	7.98	7.05	
	累積寄与率（％）	41.34	51.30	59.28	66.33	

考察

　全ての項目が岡安ら（1992b）における因子構造とほぼ同様となり，内的整合性があり，尺度の妥当性・信頼性が確認された。また中学生と高校生ではストレス反応の因子構造に変化がないことが明らかになった。比較的平均得点の高かった項目としては，「目が疲れる」（$M=1.45$），「ひとつのことに集中することができない」（$M=1.36$），「いらいらする」（$M=1.28$），「何もやる

気がしない」（*M*=1.25），「頭の回転が鈍く考えがまとまらない」（*M*=1.24）で「無気力的認知・思考」の因子を構成する項目の得点が高い傾向を示し，高校生は無気力感を感じていることがうかがえた。

第4節　主観的学校ストレッサー尺度の基準関連妥当性の検討

目的

主観的学校ストレッサー尺度とストレス反応尺度との相関関係を調べることで，主観的学校ストレッサー尺度の基準関連妥当性を検討する。

方法

1．対象者

公立高校全日制普通科3校1，2年483名（1年男子104名，1年女子174名，2年男子105名，2年女子100名）。

2．実施時期

2001年1月下旬―3月中旬

3．調査測度

第3章第2節で作成された主観的学校ストレッサー尺度（50項目），第3章第3節で作成されたストレス反応尺度（16項目）を用いた。

4．手続き

調査は対象者の学校において，LHRの時間の一部を使い各HRで実施した。回答は無記名で，対象者のペースで回答させた。回答時間は30分とした。

結果

近年のストレス研究は Lazarus & Folkman（1984）のストレスモデルの立場からの研究が多く，学校ストレスに関する研究は学校ストレッサーとストレス反応の直線的系列を大枠で仮定している。そのため，学校ストレッサー

第3章　主観的学校ストレッサー尺度とストレス反応尺度の作成

Table 3-9　各因子得点間の相関行列

		1	2	3	4	5	6	7	8	9	10
1	自己能力の低さ		.03	.08	.10*	.02	.10*	.24**	.09	.08	.22**
2	人から受ける不利益			.04	.08	.14**	-.01	.10*	.23**	.20**	-.01
3	有意義な時間の欲求				-.01	.05	.11*	.11*	.20**	.11*	.29**
4	人からの評価					.07	.05	.21**	.11*	.12**	.16**
5	人とのつきあい方						-.03	.29**	.23**	.06	.11*
6	悪い結果の予想							.02	.07	.10*	.11*
7	抑うつ・不安感情								.13**	.01	.14**
8	不機嫌・怒り感情									.14**	.10*
9	身体的反応										.13**
10	無気力的認知・思考										

$*p<.05$, $**p<.01$

の得点が高いほど，種々のストレス反応の表出が高いと言える。本研究では，本尺度の基準関連妥当性の予測的妥当性を検討するために，主観的学校ストレッサーの下位尺度の得点，ストレス反応の下位尺度の得点に因子得点を用いて，主観的学校ストレッサーとストレス反応との相関係数を算出した（Table 3-9）。

次に，主観的学校ストレッサー尺度の因子得点を説明変数，ストレス反応尺度の因子得点を目的変数とし，ステップワイズ法による重回帰分析を行い，主観的学校ストレッサーがストレス反応に及ぼす影響について検討した。その結果，得られた重決定係数（R^2），各要因の標準偏回帰係数（β）をまとめたものが Table 3-10 である。重決定係数はすべての要因で有意な値を示していた。また各要因の標準回帰係数より，「自己能力の低さ」は，「抑うつ・

Table 3-10　ストレス反応を目的変数とした重回帰分析結果

変数名	抑うつ・不安感情	不機嫌・怒り感情	身体的反応	無気力的認知・思考
自己能力の低さ	.21**			.18**
人から受ける不利益		.19**	.19**	
有意義な時間の欲求	.08*	.18**	.09*	.27**
人からの評価	.17**	.09*	.10*	.15**
人とのつきあい方	.27**	.19**		
悪い結果の予想			.09*	
重決定係数（R^2）	.18**	.13**	.07**	.14**

*p＜.05，**p＜.01

不安」と「無気力的認知・思考」に正の影響を及ぼした（β = .21, p＜.01；β = .18, p＜.01）。「人から受ける不利益」は，「不機嫌・怒り感情」と「身体的反応」に正の影響を及ぼした（β = .19, p＜.01；β = .19, p＜.01）。「有意義な時間の欲求」は，「抑うつ・不安感情」，「不機嫌・怒り感情」，「身体的反応」，「無気力的思考・認知」のすべてのストレス反応に正の影響を及ぼした（β = .08, p＜.05；β = .18, p＜.01；β = .09, p＜.05；β = .27, p＜.01）。「人からの評価」も同様にすべてのストレス反応に正の影響を及ぼした（β = .17, p＜.01；β = .09, p＜.05；β = .10, p＜.05；β = .15, p＜.01）。「人とのつきあい方」は，「抑うつ・不安感情」と「不機嫌・怒り感情」に正の影響を及ぼした（β = .27, p＜.01；β = .19, p＜.01）。「悪い結果の予想」は「身体的反応」に正の影響を及ぼした（β = .09, p＜.05）。特に「自己能力の低さ」と「抑うつ・不安感情」，「有意義な時間の欲求」と「無気力的認知・思考」および「人とのつきあい方」と「抑うつ・不安感情」の相関関係が相対的に高いことが明らかにされた。

考察

これらの結果から，主観的学校ストレッサーのすべての下位尺度において

得点が高い生徒ほど，ストレス反応のいずれかの下位尺度の表出が見られるという結果が得られた。これは従来の研究と一致している（例えば，岡安ら，1992a；三浦・川岡，2008）。これらの事実は，主観的学校ストレッサー尺度の妥当性の一部を示唆するものであると言える。今後は，より広範な標本において，他のストレッサー尺度との関連性を調べることで，さらに妥当性を高めていく必要があると思われる。

第4章 学校ストレッサーと主観的学校ストレッサーとの関係

第1節 日常場面における学校ストレッサーと主観的学校ストレッサーの関係

目的

　日常場面における学校ストレッサーのうち「学業」と「友人関係」のストレッサーはどの年代でも共通なストレッサーとなっており，他のストレッサーよりもストレス反応との関係が強いことが確認されている（例えば，岡田，1999；岡安ら，1992a）。また2つの学校ストレッサーは，三浦・坂野（1996），岡田（2002）においても日常場面における学校ストレッサーを代表するカテゴリーとして取り上げられている。本研究は，学業・友人関係場面におけるストレッサーと主観的学校ストレッサーとの関係を調べることを目的とする。

方法

1．対象者
　公立高校全日制普通科3校1，2年483名（1年男子104名，1年女子174名，2年男子105名，2年女子100名）。

2．実施時期
　2001年1月下旬—2月上旬

3．調査測度
　日常場面における学校ストレッサーとして，「学業」と「友人関係」の2つのカテゴリーに相当する項目を吉原・藤生（2001）の自由記述より各5項

目を取り上げて質問項目とした。主観的学校ストレッサーは第3章第2節で作成された尺度を使用した。回答方法は経験頻度，および嫌悪度をそれぞれ4件法（得点範囲：0－3点）で評定する形式である。

4．手続き

調査は対象者の学校において，LHRの時間の一部を使い各HRで実施した。回答は無記名で，対象者のペースで回答させた。回答時間は30分とした。

結果

1．基礎統計

岡安ら（1992a）にならい，学業・友人関係場面における学校ストレッサー，主観的学校ストレッサーとも，項目の経験頻度と嫌悪性の素点を掛け合わせた値をその項目の得点とした。学業・友人関係場面におけるストレッサー尺度の項目の平均値は0.81－5.17の範囲にあり，標準偏差は1.60－3.28の範囲にあった。各項目の平均値，標準偏差についてTable 4-1にまとめておく。主観的学校ストレッサー尺度のデータは，吉原・藤生（2001）で使用したデータを活用した。

Table 4-1　日常場面における学校ストレッサー尺度の各項目の平均値，標準偏差（N=483）

項目内容	平均値	標準偏差
勉強がわからないとき	5.14	3.18
授業の内容が難しく理解できないとき	4.12	3.12
テスト前であまり勉強していなかったとき	4.75	3.06
テストの点が悪かったとき	5.17	2.99
勉強する気が起きないとき	4.34	3.28
友達に話してもあまり聞いてくれないとき	1.37	2.02
友達に嫌なことを言われたとき	2.20	2.30
友達が約束を破ったとき	1.22	1.89
他の人と意見が食い違ったとき	1.23	1.93
友人の大切なものを壊したとき	0.81	1.60

2．日常場面における学校ストレッサーの因子構造

　各項目の得点について，主因子法による因子分析を行い，解釈を容易にするため，バリマックス回転を行った。その結果，仮説通り「学業」「友人関係」の2因子10項目（説明率52.70％）が抽出された。各因子の項目内容，因子負荷量およびα係数についてはTable 4-2に示す。

3．日常場面における学校ストレッサーと主観的ストレッサーとの関係

　分析には統計ソフトAmos4.02を使用した。多重共線性の問題について考慮し，各尺度を構成する因子について因子得点を算出し下位尺度得点とした。学業・友人関係のストレッサーを外生変数，主観的なストレッサーを内生変数として，各変数間における影響関係を想定し，学業・友人関係のストレッサーが主観的ストレッサーに及ぼす影響についてパス解析を用いて検討

Table 4-2　日常場面における学校ストレッサーの因子分析結果（バリマックス回転後）

項目内容	因子負荷量		共通性
	I	II	
I　学業（α = .82）			
勉強がわからないとき	.79	.09	.56
授業の内容が難しく理解できないとき	.76	.09	.54
テスト前であまり勉強していなかったとき	.65	.16	.40
テストの点が悪かったとき	.64	.13	.36
勉強する気が起きないとき	.58	.14	.33
II　友人関係（α = .71）			
友達に話してもあまり聞いてくれないとき	.11	.67	.34
友達に嫌なことを言われたとき	.13	.67	.34
友達が約束を破ったとき	.05	.62	.28
他の人と意見が食い違ったとき	.09	.49	.19
友人の大切なものを壊したとき	.12	.38	.15
固有値	3.39	1.88	
因子寄与率（％）	33.85	18.85	
累積寄与率（％）	33.85	52.70	

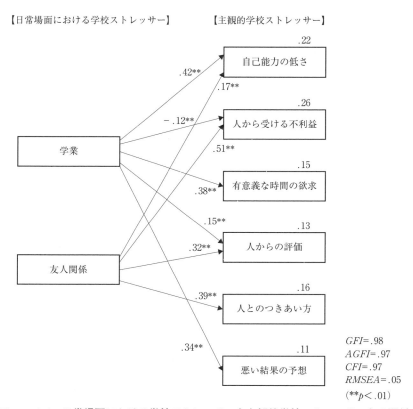

Figure 4-1 日常場面における学校ストレッサーと主観的学校ストレッサーとの関係

した (Figure 4-1)。また各因子得点間の相関係数を Table 4-3 に示す。

モデルの適合度を示す指標は $GFI=.98$, $AGFI=.97$, $CFI=.97$, $RMSEA=.05$ であり十分な値であった。「学業」場面のストレッサーは,「自己能力の低さ」「有意義な時間の欲求」「人からの評価」「悪い結果の予想」のストレッサーに正の有意なパスが見られ ($\chi^2(18)=10.42$, $p<.01$; $\chi^2(18)=9.06$, $p<.01$; $\chi^2(18)=3.55$, $p<.01$; $\chi^2(18)=7.85$, $p<.01$),「人から受ける不利益」のストレッサーに負の有意なパスが見られた

Table 4-3　各因子得点間の相関行列

		1	2	3	4	5	6	7	8
1	自己能力の低さ		.03	.08	.10*	.02	.10*	.43**	.20**
2	人から受ける不利益			.04	.08	.14**	−.01	−.09	.50**
3	有意義な時間の欲求				−.01	.05	.11*	.38**	.04
4	人からの評価					.07	.05	.17**	.33**
5	人とのつきあい方						−.03	−.04	.39**
6	悪い結果の予想							.34**	.08
7	学業								.07
8	友人関係								

*$p<.05$, **$p<.01$

($\chi^2(18) = -3.13$, $p<.01$)。また「友人関係」場面のストレッサーは,「自己能力の低さ」「人から受ける不利益」「人からの評価」「人とのつきあい方」のストレッサーに正の有意なパスが見られた($\chi^2(18)=4.25$, $p<.01$；$\chi^2(18)=12.94$, $p<.01$；$\chi^2(18)=7.58$, $p<.01$；$\chi^2(18)=9.41$, $p<.01$)。

考察

1．日常場面における学校ストレッサーと主観的学校ストレッサーとの関係について

「自己能力の低さ」と「人からの評価」のストレッサーは学業場面，友人関係場面の両方のストレッサーから影響を受けることが明らかになった。学業場面における成績の善し悪しや友人関係における他者と比較されるような場面で，自己の能力に自信を失い劣等感が生まれたり，人からの評価を気にしたりすることがストレスにつながると言える。「自己能力の低さ」のストレッサーは特に学業場面との関係が強いことから，このストレッサーの影響を強く受ける生徒への対処は，学力向上のための指導や丁寧な学習指導などの学業に対するケアを通じて，自尊感情を育てることが大切になってくると思われる。また「人からの評価」のストレッサーは，比較的友人関係場面との関係が強いことから，学習指導とともに，人からの評価が自分の評価であ

るというような誤った信念を持っていることも考えられる。認知の変容を目指した介入も考慮に入れる必要があるのかもしれない。

「有意義な時間の欲求」「悪い結果の予想」のストレッサーは，学業場面のストレッサーの影響を受けることから，学業場面でストレスがある生徒は当然「勉強ができない」，「成績が上がらない」ことがストレスの原因となる。その結果，つまらない授業，理解できない授業を受けることになったり，興味のない宿題は，時間の無駄という意識を生んでいったりすることが考えられる。そのことがストレスへとつながると考えられる。また，成績も芳しくないことから，無気力感が生じ悪い結果しか考えないマイナスの思考へと進んでいくのかもしれない。このストレッサーの影響を受ける生徒に対しては，学業場面の中でも特に充実した授業，わからないことがわかった，というような達成感が持てるような時間を持つことがストレス解消のためには必要と思われる。

さらに「人とのつきあい方」のストレッサーは，友人関係場面のストレッサーの影響を受けることは当然の結果であった。このストレッサーの影響を受ける生徒は，コミュニケーションのスキルの不足から，人との関係をうまく作れないことによるストレスと考えられる。そのため初対面の人と打ち解けるスキルや，コミュニケーションのスキルを身につけることが効果的なのかもしれない。

「人から受ける不利益」のストレッサーは，学業場面のストレッサーから負の影響を受けたが，これは学業場面でたまったストレスを友人との会話や遊びで解消するという状況が生まれ，友人からサポートしてもらっているという意識が働くことによるものかもしれない。また友人関係のストレスの多くは相手から受けるもので，友人関係場面のストレッサーから正の影響を受けたことは順当な結果と言える。本研究では2つの場面との関係を調べたが，学業場面のストレッサーが「人から受ける不利益」のストレスを軽減することから，他の場面ストレッサーにおいても軽減効果が存在するのかもしれな

い。

第2節　ネガティブライフイベントと主観的学校ストレッサーの関係

目的

　ストレッサー研究においては，ライフイベントを対象とした研究と日常における些細な出来事（デイリーハッスル）を対象とした研究が行われている。本研究では，ライフイベントに着目し，ネガティブライフイベント尺度と主観的学校ストレッサー尺度との関係を調べることを目的とする。

方法

1．対象者

　公立高校全日制普通科・理数科3校1，2年571名（1年男子65名，1年女子50名，2年男子233名，2年女子222名，不明1名）。調査は年度を跨いだため，学年は2009年3月現在の学年とした。

2．実施時期

　2009年3月－9月

3．調査測度

　高比良（1998）が作成した対人・達成領域別ライフイベント尺度（大学生用）のネガティブライフイベント尺度を，工藤（2005）によって高校生用に再構成した36項目の高校生版ネガティブライフイベント尺度（NLE尺度）。工藤・藤生（2009）において，因子分析が行われ，下位尺度は対人領域（9項目），達成領域（6項目），無関連領域（5項目）となっている（Table 4-4）。信頼性，妥当性は工藤・藤生（2009）で確認されている。主観的学校ストレッサーは第3章第2節で作成された尺度を使用した。回答方法は両尺度とも経験頻度，および嫌悪度をそれぞれ4件法（得点範囲：0－3点）で評定する

Table 4-4　NLE 尺度の項目内容

項目番号	項目内容
Ⅰ　対人領域	
28：	悪口をいわれる
15：	無視される
1：	ある人との関係がうまくいかなくなる（または，ダメになる）
25：	自分にとって大切な人，または関係の深い人に会えなくなる（または，別れる）
36：	自分のことを信じてもらえない（または，理解してもらえない）
21：	孤独を感じる
18：	自分にとって大切な人，または関係の深い人が死亡する
8：	約束をやぶられる（または，裏切られる）
34：	自分にとって大切な人，または関係の深い人が，病気やケガをする
Ⅱ　達成領域	
16：	勉強や部活動などで良い結果を出せない
12：	自分の勉強や部活動の計画などがうまく進まない
32：	勉強と部活動の両立ができない
9：	趣味や習い事（部活動なども含む）が，思うように上達しない
2：	授業についていけなくなる
5：	授業中，先生の質問にほとんど答えることができない
Ⅲ　無関連領域	
24：	体調が悪いのに無理をしなくてはならない
33：	睡眠不足になる
27：	休日（または，自由な時間）が少ない
20：	興味の持てない内容の授業をうける
14：	お金にこまる（おこづかいが減る，急な出費があるなど）

形式である。

4．手続き

　調査は対象者の学校において，LHR の時間の一部を使い各 HR で実施した。回答は無記名で，対象者のペースで回答させた。回答時間は30分とした。

Table 4-5 主観的学校ストレッサーと NLE との相関

下位尺度	対人領域	達成領域	無関連領域
自己能力の低さ	.29**	.51**	.31**
人から受ける不利益	.31**	.34**	.37**
有意義な時間の欲求	.22**	.40**	.43**
人からの評価	.33**	.34**	.29**
人とのつきあい方	.36**	.31**	.28**
悪い結果の予想	.22**	.41**	.33**

**p＜.01

結果

　因子構造は，工藤・藤生（2009）の因子構造を採用し，各項目の得点の合計点を下位尺度得点とした。

　最初に主観的学校ストレッサーと NLE 尺度との関係を見るために相関分析を行った（Table 4-5）。その結果，すべての下位尺度で正の相関がみられた。「自己能力の低さ」のストレッサーは，達成領域と中位の相関があり（$r=.58$, $p<.01$），対人領域，無関連領域とは弱い相関があった（$r=.32$, $p<.01$；$r=.36$, $p<.01$）。「人から受ける不利益」のストレッサーは，無関連領域と中位の相関があり（$r=.41$, $p<.01$），対人領域，達成領域とは弱い相関があった（$r=.35$, $p<.01$；$r=.34$, $p<.01$）。「有意義な時間の欲求」のストレッサーは，無関連領域，達成領域と中位の相関があり（$r=.51$, $p<.01$；$r=.44$, $p<.01$），対人領域と弱い相関があった（$r=.23$, $p<.01$）。「人からの評価」のストレッサーは，対人領域，達成領域，無関連領域と弱い相関があった（$r=.39$, $p<.01$；$r=.38$, $p<.01$；$r=.32$, $p<.01$）。「人とのつきあい方」のストレッサーは，対人領域と中位の相関があり（$r=.45$, $p<.01$），達成領域，無関連領域と弱い相関があった（$r=.36$, $p<.01$；$r=.36$, $p<.01$）。「悪い結果の予想」のストレッサーは，達成領域，無関連領域と中位の相関があり（$r=.50$, $p<.01$；$r=.40$, $p<.01$），対人領域と弱い相関があった（$r=.22$,

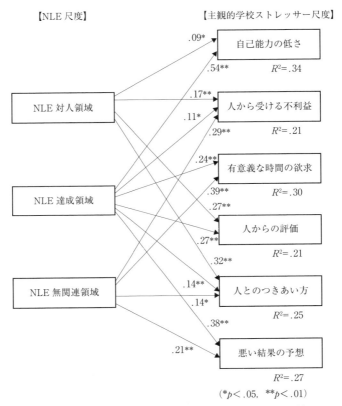

Figure 4-2　NLE と主観的学校ストレッサーとの関係

$p<.01$)。

次に NLE 尺度を説明変数，主観的学校ストレッサー尺度を目的変数としてステップワイズ法による重回帰分析を行った。その結果，得られた重決定係数 (R^2)，各要因の標準偏回帰係数 (β) を Figure 4-2 に表した。

「自己能力の低さ」のストレッサーに，NLE 対人領域と NLE 達成領域が正の影響を及ぼした ($\beta = .09$, $p<.05$；$\beta = .54$, $p<.01$)。「人から受ける不利益」のストレッサーには，3 領域すべてが正の影響を及ぼした（対人：β

= .17, $p<.01$；達成：β = .11, $p<.05$；無関連：β = .29, $p<.01$)。「有意義な時間の欲求」のストレッサーに，NLE達成領域とNLE無関連領域が正の影響を及ぼした（β = .24, $p<.01$；β = .39, $p<.01$)。「人からの評価」のストレッサーに，NLE対人領域とNLE達成領域が正の影響を及ぼした（β = .27, $p<.01$；β = .27, $p<.01$)。「人とのつきあい方」のストレッサーに，3領域すべてが正の影響を及ぼした（対人：β = .32, $p<.01$；達成：β = .14, $p<.01$；無関連：β = .14, $p<.05$)。「悪い結果の予想」のストレッサーに，NLE達成領域とNLE無関連領域が正の影響を及ぼした（β = .38, $p<.01$；β = .21, $p<.01$)。

考察

　「自己能力の低さ」のストレッサーは，特にNLE達成領域との関連が高く，目標達成などに対して敏感な自律性の高い人は，NLE達成領域の得点が高いことが予想されていることから，自己能力の低さに対してもストレッサーを感じやすいことが示唆される。また，NLE達成領域は勉強や部活動，習い事に対する達成困難なイベントを取り上げており，第1節の学業ストレッサーを含んだ項目となっている。吉原・藤生（2003）でも学業ストレッサーは自己能力の低さストレッサーを予測しており，同様の結果となった。

　「人から受ける不利益」のストレッサーが，NLE対人領域に正の影響を及ぼしたことは妥当な結果であると言える。NLE達成領域においては，勉強や部活動等を通じて，人から不利益を被ることが示唆される。また，無関連領域においては，「体調が悪いのに無理をしなければいけない」とか「休日が少ない」などの項目は人からの影響を受けて不満を抱えていることも考えられる。

　NLE達成領域では学業や部活動は時間を取られるため，「有意義な時間の欲求」にストレスを感じることは妥当な結果ではないかと思われる。吉原・藤生（2003）においても学業ストレッサーの影響が示唆されており，同様の

結果となっている。また，NLE 無関連領域の項目内容も，時間に対する不満を抱えることにつながる可能性を示唆している。

「人からの評価」のストレッサーは，NLE 対人領域の悪口を言われたり，無視されたりすることにストレスを感じることで，人からの評価を気にするストレスにつながると考えられる。

「人とのつきあい方」のストレッサーは，特に NLE 対人領域からの影響が大きく，妥当な結果だと言える。吉原・藤生（2003）においても，友人関係ストレッサーが「人とのつきあい方」のストレッサーに影響を与えており，対人関係からの影響が大きいストレッサーであると思われる。

「悪い結果の予想」のストレッサーに，NLE 達成領域と NLE 無関連領域が正の影響を及ぼしたことは，吉原・藤生（2003）においても，学業ストレッサーが悪い結果の予想に影響を与えており，達成領域が影響を及ぼすということは妥当な結果であると言える。

これらの結果から，NLE という事実に対するストレッサーと，主観的学校ストレッサーという認知に関するストレッサーとの間には密接な関係があることが明らかとなった。

第5章　友人関係のあり方と学校ストレッサー，ストレス反応との関係

第1節　友人関係性尺度の作成

目的
高校生の友人関係のあり方を調べるため，友人関係性尺度を作成する。

方法
1．対象者

　公立高校全日制普通科3校1，2年691名（1年男子159名，1年女子232名，2年男子142名，2年女子158名）。

2．期日

　2001年2月上旬－3月中旬

3．調査測度

　友人関係尺度：井ノ崎（1997）で用いられた対人関係性尺度を同性の友人関係場面に置き換えて作成した友人関係性尺度（52項目）であった。下位尺度は「関係拒否性」「親密性」「依存性」「無関心性」。井ノ崎（1997）にならい5件法（得点範囲：0－4点）によって回答を求めた。

4．手続き

　調査は対象者の学校において，LHRの時間の一部を使い各HRで実施した。回答は無記名で，対象者のペースで回答させた。

Table 5-1 友人関係性尺度各項目の平均および標準偏差 (N=691)

項目内容	平均値	標準偏差
1：困っているときや悲しいときには，親しい友人に気持ちをわかってもらいたい	3.00	1.15
2：どんなに困ったときでも，友人に頼らない方だ	1.26	1.13
3：人は支え合って生きていくものだと感じる	3.04	1.07
4：あの人になら少々無理を言ってもいいと思う友人がいる	2.57	1.20
5：自分のことを友人に相談するのは何か不安である	1.44	1.28
6：重要な決心をするときには信頼できる友人の意見が聞きたい	2.82	1.23
7：友人からの親切な申し出を特に理由なく断ることがある	1.09	1.07
8：思い出すだけで心が安らかになるような友人がいるので，落ち着いていられる	1.97	1.25
9：苦手な科目の勉強をするときにはできたら友人と一緒にしたい	1.78	1.42
10：人間関係で悩んだことはない方だ	0.89	1.11
11：悪い知らせ，悲しい知らせなどを受け取る場合には，親しい友人に一緒にいてもらいたい	1.56	1.33
12：恩返しできないなら，友人に援助を求めるのはためらわれる	1.47	1.13
13：親しい友人のことを思い浮かべて，元気を出すことがある	1.89	1.31
14：友人が本当はどんな人物であるかということに関心がない	1.20	1.16
15：友人に頼み事をするのは，どんなときでも非常に決心がいる	1.52	1.12
16：直接手助けしてもらわないが，友人に話をすることで自分の判断がしやすくなることがある	2.90	0.99
17：友人にあまり親しくされたり，こちらが望む以上に親しくなることを求められるとわずらわしい	1.53	1.25
18：何かにつけて，友人には味方になってもらいたい	2.69	1.12
19：できることなら，いつも友人と一緒にいたい	2.32	1.20
20：友人から個人的な話を持ちかけられるのはわずらわしい	0.81	0.98
21：友人に頼る立場になると，どうも落ち着かない	1.54	1.20
22：病気のときや，ゆううつなときには，親しい友人に同情してもらいたい	1.73	1.23
23：最後は自分で決めるにせよ，困った時には信頼できる友人の意見も聞いてみる	3.15	0.99
24：友人から頼られるのは嫌いな方だ	0.82	1.02
25：できることなら，どこへ行くにも友人と一緒に行きたい	1.64	1.16
26：自分を見守ってくれる友人がいるので，大事な場面も切り抜けられる	2.19	1.14
27：何か物事を決めるときに自分一人で決める	1.84	1.11
28：友人から好意を示されると，とまどうことが多い	1.29	1.13
29：私がどんなことをしようと理解してくれる友人がいる	2.25	1.16
30：友人から自分のことでとやかく言われるのはわずらわしい	1.85	1.19
31：一人で決心がつきかねるときには，信頼できる友人の意見に従いたい	2.15	1.11
32：友人には，絶対借りを作りたくない	1.54	1.25
33：何かに迷っているときには，友人に「これでいいですか」と聞きたい	2.14	1.15

Table 5-1 友人関係性尺度各項目の平均および標準偏差 (N=691)（つづき）

項目内容	平均値	標準偏差
34：自分のために，友人から何かやってもらうのは苦手だ	1.70	1.13
35：友人から「元気ですか」など気を配ってもらいたい	1.75	1.16
36：友人に協力してもらわなくても，自分一人でうまくやっていくことができると思う	1.36	1.08
37：自分の信頼できる友人がいるので安心だ	2.88	1.09
38：うれしいこと，楽しいことは，まず友人に報告したい	2.93	1.09
39：友人と親しくなりたいとは思わない方だ	0.52	0.84
40：一人ではどうにもならないときは，その時々で適当な友人に相談する	2.52	1.21
41：友人が何をしていようとあまり気にならない	1.57	1.11
42：親しい友人には，いざというときには，無理な頼み事もするだろう	2.41	1.15
43：無理してまで友人とつきあおうとは思わない	2.20	1.30
44：安心して友人の世話になれない方だ	1.77	1.09
45：心の支えになってくれる友人がいる	2.90	1.11
46：自分のことは，どんなことがあっても自分でしないと気がすまない	1.98	1.09
47：自分の悩みを友人に話そうとは思わない方だ	1.48	1.30
48：何かするときには，友人に気を配って励ましてもらいたい	2.13	1.06
49：友人にやって欲しいと思うことはない	1.42	1.01
50：友人の世話になるのは恥ずかしいと思う	1.04	1.08
51：自分と相手の立場を尊重しつつ，必要な時にはうまく頼ったり頼られたりする方だ	2.71	0.94
52：親しい友人でも，甘えることのない方だ	1.55	1.14

結果

1．基礎統計

友人関係性尺度の項目の平均値は0.52―3.15の範囲にあり，標準偏差は0.84―1.33の範囲にあった（Table 5-1）。

2．因子構造

本研究では最初に3因子から5因子構造までを仮定して各項目の得点について，主因子法による因子分析を行った。その結果，固有値の減数状況，解釈の容易さを考慮し4因子構造を採用するのが妥当であると判断した。次に因子負荷量が.30未満の項目と2つの因子に同じような負荷量を持つ項目を削除して，再度同様の因子分析（バリマックス回転）を行ったところ，最終的に「関係拒否性」「親密性」「依存性」「無関心性」の4因子29項目（説明率

Table 5-2 友人関係性尺度の因子分析結果（バリマックス回転後）

項目番号	項目内容	因子負荷量 I	II	III	IV	共通性
I	関係拒否性（α = .83）					
21	友人に頼る立場になると，どうも落ち着かない	.66	-.01	-.01	.08	.39
5	自分のことを友人に相談するのは何か不安である	.59	-.09	-.25	.14	.45
15	友人に頼み事をするのは，どんなときでも非常に決心がいる	.58	.11	-.01	-.03	.32
44	安心して友人の世話になれない方だ	.56	-.12	-.19	.13	.39
47	自分の悩みを友人に話そうとは思わない方だ	.52	-.24	-.25	.14	.50
50	友人の世話になるのは恥ずかしいと思う	.52	.01	-.14	.29	.37
34	自分のために，友人から何かやってもらうのは苦手だ	.51	-.10	-.09	.17	.33
2	どんなに困ったときでも，友人に頼らない方だ	.50	-.27	-.21	.11	.45
32	友人には，絶対借りを作りたくない	.50	.03	-.08	.26	.35
52	親しい友人でも，甘えることのない方だ	.43	-.20	-.13	.20	.27
II	依存性（α = .78）					
19	できることなら，いつも友人と一緒にいたい	.01	.76	.16	-.25	.58
25	できることなら，どこへ行くにも友人と一緒に行きたい	-.01	.66	.15	-.13	.48
18	何かにつけて，友人には味方になってもらいたい	-.10	.58	.02	-.09	.34
11	悪い知らせ，悲しい知らせなどを受け取る場合には，親しい友人に一緒にいてもらいたい	-.10	.46	.26	-.08	.33
31	一人で決心がつきかねるときには，信頼できる友人の意見に従いたい	-.15	.46	.20	-.06	.30
35	友人から「元気ですか」など気を配ってもらいたい	.03	.44	.16	-.11	.30
9	苦手な科目の勉強をするときにはできたら友人と一緒にしたい	-.04	.43	.08	.09	.22
22	病気のときや，ゆううつなときには，親しい友人に同情してもらいたい	-.09	.37	.12	.06	.24
33	何かに迷っているときには，友人に「これでいいですか」と聞きたい	-.02	.34	.18	-.02	.21
III	親密性（α = .85）					
45	心の支えになってくれる友人がいる	-.30	.27	.70	-.13	.62
8	思い出すだけで心が安らかになるような友人がいるので，落ち着いていられる	-.10	.15	.64	-.07	.44

Table 5-2 友人関係性尺度の因子分析結果（バリマックス回転後）（つづき）

項目番号	項目内容	因子負荷量 I	II	III	IV	共通性
26	自分を見守ってくれる友人がいるので，大事な場面も切り抜けられる	-.20	.28	.62	-.12	.47
37	自分の信頼できる友人がいるので安心だ	-.34	.28	.61	-.05	.54
29	私がどんなことをしようと理解してくれる友人がいる	-.13	.24	.60	-.13	.46
13	親しい友人のことを思い浮かべて，元気を出すことがある	-.05	.23	.55	-.19	.41
IV	無関心性（$\alpha = .69$）					
24	友人から頼られるのは嫌いな方だ	.28	-.02	-.11	.64	.39
20	友人から個人的な話を持ちかけられるのはわずらわしい	.36	-.06	-.14	.63	.46
17	友人にあまり親しくされたり，こちらが望む以上に親しくなることを求められるとわずらわしい	.23	-.25	-.05	.46	.33
14	友人が本当はどんな人物であるかということに関心がない	.14	-.06	-.21	.38	.24
固有値		7.37	2.99	1.63	1.41	
因子寄与率（%）		25.43	10.31	5.63	4.86	
累積寄与率（%）		25.43	35.74	41.37	46.23	

46.23%）が抽出された（Table 5-2）。

3．信頼性の検討

尺度の信頼性の指標としてCronbachのα係数を用い，各因子の内的整合性を検討した。その結果，各因子のα係数は.69-.85と十分な値であり，各因子は一貫性の高い項目によって構成されていることが示された。今後再現性について，再テスト法を試みるなどして信頼性を高めることが必要と思われる。

考察

関（1982），井ノ崎（1997）の作成した対人関係性尺度と因子構造の違いに

ついて考察を加える。関係拒否性の項目の中には，井ノ崎（1997）では無関心性の項目として取り上げられていた項目が1項目見られた（47：自分の悩みを友人に話そうとは思わない方だ）。この項目は高校生にとって，友人に対して無関心でいたいという気持ちより，関係を拒否していたいという気持ちが強い項目であると言える。依存性，親密性の項目に関しては，関（1982）の依存性の項目と同じ項目となっている。また無関心性の項目も，井ノ崎（1997）の無関心性の項目と同じになっている。しかし，無関心性の多くの項目で因子負荷量が低かったり，他の因子にも強く負荷していたりしたため削除された。井ノ崎（1997）の尺度とほとんどの項目が，同じ因子を構成しており，本研究で作成された友人関係性尺度は，妥当性を備えていると判断される。今後さらに類似の尺度との相関を調べたりするなど妥当性を高めていく必要があると思われる。

第2節　友人関係のあり方と学校ストレッサー，ストレス反応との関係

目的

友人関係のあり方によって高校生が感じる学校ストレッサーの相違，ストレス反応の表出の仕方について検討する。

方法

1．対象者

主観的学校ストレッサー尺度については第3章第2節で作成された尺度とデータを利用し，新たにこれらの対象者に友人関係性尺度，ストレス反応尺度の2つの尺度を実施し欠損値のある対象者を除いた。最終的な対象者は公立高校全日制普通科3校1，2年483名（1年男子104名，1年女子174名，2年男子105名，2年女子100名）。

2．実施時期

2001年1月下旬―3月中旬

3．調査測度

第3章第2節で作成された主観的学校ストレッサー尺度（50項目），第5章第1節で作成された高校生用友人関係性尺度（29項目），第3章第3節で作成されたストレス反応尺度（16項目）を用いた。

4．手続き

調査は対象者の学校において，LHRの時間の一部を使い各HRで2回に分けて日を改めて実施した。1回目は学校ストレッサー尺度について調査を行い，2回目は友人関係性尺度とストレス反応尺度について調査を行った。回答は無記名で，対象者のペースで回答させた。ただし1回目と2回目の対象者を同定するためにどちらにも同じ記号を記入させた。最終的な回答時間は，1回目は概ね30分程度，2回目は概ね20分程度であった。

結果

分析には統計ソフトAmos4.02を使用した。多重共線性の問題を避けるため，以下の分析では下位尺度得点ではなく因子得点を採用した。友人関係性尺度，学校ストレッサー尺度，ストレス反応尺度の3つの尺度の得点の関係については，学校ストレッサーが友人関係のあり方を経由してストレス反応に影響を与えるモデル（モデル1）と，友人関係のあり方が学校ストレッサーを経由してストレス反応に影響を与えるモデル（モデル2）とが考えられる。本研究では，友人関係のあり方がどのようにストレスに影響を与えるかについて調査することを目的としているため，モデル2について検討することとする。モデル2の適合度の指標は $GFI=.98$，$AGFI=.96$，$CFI=.95$，$RMSEA=.03$，$AIC=172.99$ で十分な数値であった。そこで友人関係のあり方を外生変数，学校ストレッサーとストレス反応を内生変数として各変数間における影響関係を想定し，友人関係のあり方がストレス反応に及ぼす直

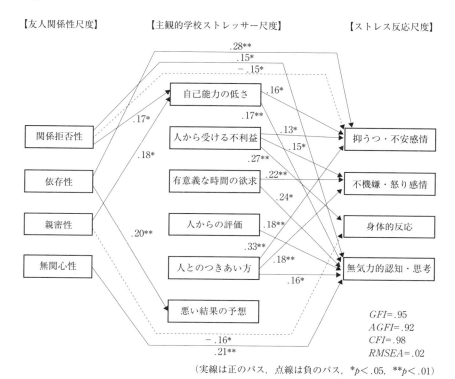

(実線は正のパス，点線は負のパス．*p<.05，**p<.01)

Figure 5-1 友人関係とストレッサー，ストレス反応のパス・ダイヤグラム

接的な影響と，友人関係のあり方が学校ストレッサーを経由してストレス反応に及ぼす間接的な影響についてパス解析を用いて検討した（Figure 5-1）。また各因子得点間の相関係数を Table 5-3 に示す。

1. 友人関係とストレス反応の関係

友人関係における友人への「関係拒否性」はストレス反応の「抑うつ・不安感情」に負の有意なパスが見られ（$\chi^2(59) = -2.33$，$p<.05$；χ^2 は Wald 検定による），「無気力的認知・思考」に正の有意なパスが見られた（$\chi^2(59) = 2.39$，$p<.05$）。友人への「依存性」はストレス反応の「抑うつ・不安感情」に正の有意なパスが見られた（$\chi^2(59) = 4.50$，$p<.01$）。また友人への

「親密性」はストレス反応の「身体的反応」に負の有意なパスがみられた（$\chi^2(59) = -2.33$, $p<.05$）。さらに友人への「無関心性」はストレス反応の「無気力的認知・思考」に正の有意なパスが見られた（$\chi^2(59) = 3.24$, $p<.01$）。

2．友人関係とストレッサーの関係

友人関係における「関係拒否性」は「自己能力の低さ」のストレッサーに正の有意なパスが見られた（$\chi^2(59) = 2.35$, $p<.05$）。友人関係における「依存性」は「悪い結果の予想」のストレッサーに正の有意なパスが見られた（$\chi^2(59) = 2.87$, $p<.01$）。また友人関係における「親密性」は「自己能力の低さ」のストレッサーに負の有意なパスが見られた（$\chi^2(59) = 2.49$, $p<.05$）。友人関係における「無関心性」はストレッサーへの有意なパスは見られなかった。

3．ストレッサーとストレス反応の関係

「自己能力の低さ」のストレッサーは「抑うつ・不安感情」「無気力的認知・思考」に有意なパスが見られた（$\chi^2(59) = 2.59$, $p<.01$；$\chi^2(59) = 2.65$, $p<.01$）。「人からの評価」のストレッサーも同様に「無気力的認知・思考」に有意なパスが見られた（$\chi^2(59) = 2.75$, $p<.01$）。「人から受ける不利益」のストレッサーは「抑うつ・不安感情」「不機嫌・怒り感情」「身体的反応」に有意なパスが見られ（$\chi^2(59) = 2.01$, $p<.05$；$\chi^2(59) = 2.19$, $p<.05$；$\chi^2(59) = 3.92$, $p<.01$），「有意義な時間の欲求」のストレッサーは「不機嫌・怒り感情」「無気力的認知・思考」に有意なパスが見られた（$\chi^2(59) = 3.25$, $p<.01$；$\chi^2(59) = 3.77$, $p<.01$）。また「人とのつきあい方」のストレッサーは「抑うつ・不安感情」「不機嫌・怒り感情」「無気力的認知・思考」に有意なパスが見られた（$\chi^2(59) = 5.22$, $p<.01$；$\chi^2(59) = 2.60$, $p<.01$；$\chi^2(59) = 2.44$, $p<.05$）。「悪い結果の予想」のストレッサーはストレス反応への有意なパスは見られなかった。

4．友人関係とストレッサー，ストレス反応との関係

友人関係の「関係拒否性」からは，「自己能力の低さ」のストレッサーを

Table 5-3　各因子

		1	2	3	4	5	6	7
1	関係拒否性		.01	－.09*	.14**	.11*	.21**	.04
2	依存性			.12**	－.07	.02	－.15**	.02
3	親密性				－.03	.10*	－.06	.05
4	無関心性					－.18**	.12**	.04
5	自己能力の低さ						.03	.08
6	人から受ける不利益							.04
7	有意義な時間の欲求							
8	人からの評価							
9	人とのつきあい方							
10	悪い結果の予想							
11	抑うつ・不安感情							
12	不機嫌・怒り感情							
13	身体的反応							
14	無気力的認知・思考							

認知して「抑うつ・不安感情」反応への間接効果は正のパスが見られた（$p<.05$）。一方「抑うつ・不安感情」反応への直接効果は負のパスであった（$p<.05$）。さらに「関係拒否性」から「自己能力の低さ」のストレッサーを認知して「無気力的認知・思考」反応への間接効果は正のパスが見られ（$p<.05$），「無気力的認知・思考」反応への直接効果にも正のパスが見られた（$p<.05$）。友人関係の「親密性」からは，「自己能力の低さ」のストレッサーを認知して「抑うつ・不安感情」反応，「無気力的認知・思考」反応への間接効果は正のパスが見られた（$p<.05$）。しかし直接効果のパスは見られなかった。その他の要因においては間接効果を表す有意なパスは存在しなかった。

考察

学校現場におけるストレスは，学校行事におけるストレスと日常生活の中で起こるストレスが存在する。日常のストレスは年間を通じて起こりうる状

得点間の相関行列

8	9	10	11	12	13	14
.21**	.11*	−.03	.02	.15**	.17**	.16**
.13**	−.05	.11*	.12*	.00	−.08	.05
−.05	−.22**	.00	−.03	−.05	−.06	−.01
.03	−.02	.04	−.17**	.12**	.10*	.13**
.10*	.02	.10*	.24**	.09	.08	.22**
.08	.14**	−.01	.10*	.23**	.20**	−.01
−.01	.05	.11*	.11*	.20**	.11*	.29**
	.07	.05	.21**	.11*	.12**	.16**
		−.03	.29**	.23**	.06	.11*
			.02	.07	.10*	.11*
				.13**	.01	.14**
					.14**	.10*
						.13**

$*p<.05, **p<.01$

況である。本研究における実施時期は日常に起こりうるストレスを十分に測ることができる時期であると考えられる。しかしながらストレッサー尺度と友人関係性尺度，ストレス反応尺度の調査時期の統一がとれなかったことから，時期によるストレス変動が混入してしまっている可能性は否定できない。そのため今回の結果は実施時期の要因においては，限定されたものになる可能性があると言える。

1．友人関係とストレス反応の関係

友人への関係拒否性はもともと，依存を求めつつもうまく依存できない友人関係のあり方のため，最もストレスを受けやすい関係性であると考えられる。ストレス反応の無気力への有意なパスが見られたことから，友人関係をうまく結べないとやる気を無くしてしまう傾向が見られる事が明らかになった。しかしながらストレス反応の抑うつ・不安感情に負のパスが見られ予想と異なる結果となった。これは友人関係を拒否する傾向の生徒は感情を抑圧することで関係を保っていると考えられ，そのために抑うつ・不安感情にも

反対の結果が出たのではないだろうか。今後さらに検討が必要と思われる。

依存性は，肯定的な配慮や反応を友人に求める欲求が強く，その欲求が満足できない場面ではストレスになりうる関係性から，情動反応へのストレスが強いと考えられるが，抑うつ・不安のストレス反応への有意なパスが見られたことからもこの考えは支持されよう。

一方，親密性は友人関係における交流が比較的取れている状況から，適応的な関係性であると考えられるが，ストレス反応の身体的反応に負のパスが見られたことからこの考えを裏付ける結果となった。親密な友人関係はストレス反応を低減する要因となりうると考えられる。

橋本（2000）は大学生における無関心性の適応の良さを挙げていたが，本研究では無気力反応に有意なパスがあることが明らかになった。無関心でいることは情動反応や身体的反応への影響は回避できるのかもしれないが，他への関心がなくなることからやる気を減退させる要因になりうるのかもしれない。特に高校生は学校生活の中で社会性を必要とする場面も多く，そのストレスは無気力という形で表出すると言える。

2．友人関係とストレッサーの関係

友人関係における関係拒否性は自己能力の低さのストレッサーに有意なパスが見られた。友人への依存を望みつつも関係を拒否する状況は，良い関係を結べない自己の能力に対する評価に向けられ自分へのストレッサーが高まるものと思われる。

友人関係における依存性は，悪い結果の予想のストレッサーに有意なパスが見られた。友人に依存している関係のため，依存している相手からは不利益を受けることがない関係を保っているものと考えられる。しかしながら絶えず相手に気を配らなければならずうまくいかなかったときへの不安は高く，それをストレッサーと感じることが多いと考えられる。

友人関係における親密性は，友人との関係が良好な状況のためストレッサーへの影響はないと考えられるが，自己能力の低さのストレッサーに有意な

パスが見られたことは予想外であった。友人関係がうまくいっている場合でも，自己評価が低くなってしまう場面が存在する可能性が示唆される。親密性が適応的かさらに検討が必要と思われる。

友人関係における無関心性は，ストレッサーへの有意なパスは見られなかった。無関心でいることはストレッサーを受けにくい関係性であると言える。橋本（2000）の無関心性の適応の良さを支持する結果となった。

友人に無関心でいることは高校生にとって適応的と言えるのかという問題に対しては，ストレッサーに影響しないこと，ストレス反応の情緒面や身体面に影響しないことから適応的な面が見られた。しかしながら何事に対しても関心を持たないことは，自己への関心も低くなり無気力へとつながる事が示唆された。集団生活を送る学校において無関心であることは，それと引き替えに社会性を持てないとか，友人とのかかわりの中でしか得られない重要なスキルを獲得できないなど，マイナスの影響が出ているということも十分に考えられる。他の要因との関係を調べ無関心でいることの問題点をさらに明らかにしていく必要があると言える。

友人関係性尺度の下位因子とストレッサー尺度の下位因子である「人から受ける不利益」「人からの評価」「人とのつきあい方」の対人関係に関する因子とは関連を示していない。これは，友人関係性尺度は事実に対する尺度であるのに対して，ストレッサー尺度は認知に対する尺度であることから独立な関係があるのかもしれない。

3．ストレッサーとストレス反応の関係

自己能力の低さのストレッサーが抑うつ・不安，無気力に影響を及ぼすことが明らかになった。これは武井（1998）が自信のなさに対する嫌悪度が，無気力や不安に対するストレッサーとなることを報告しており，その結果を支持するものとなっている。

人から受ける不利益のストレッサーは，抑うつ・不安，不機嫌・怒り，身体的反応に影響を与えており，人から受ける被害が大きい生徒はそのストレ

スを内面に向けると抑うつ・不安感情が起こり，外に向けると攻撃的な感情を示す。武井（1998）においても，「損をする」という嫌悪性のストレッサーが不機嫌・怒り感情を喚起することを示している。また，さらに大きな不利益を被ると，身体的反応の表出へとつながっていくのではないのだろうか。

　有意義な時間の欲求のストレッサーは不機嫌・怒り感情と無気力反応に有意なパスが見られた。このことは自分のやりたいことをすることができずに，その時間を奪われた生徒にとっては攻撃的な感情をもつ場合と，やりたいことができなくなったことでやる気を無くしてしまう場合のどちらかの反応が起こると考えられる。武井（1998）では「趣味や遊びを妨げられる」ストレッサーは，ストレス反応を高めることを示しており，本研究でも時間に対するストレッサーはストレス反応を高めることを示唆している。

　人からの評価のストレッサーは，無気力反応との関連から，高校生は相手からの評価が低いとやる気を失うということが言える。武井（1998）では，中学生を対象として「嫌われている」というストレッサーと不機嫌・怒り反応との関連を述べているが，高校生は，中学生よりも情緒的にも発達してきており，人からの評価に対して，感情が外よりも自己へ向いてくる傾向があるのかもしれない。

　人とのつきあい方のストレッサーは，抑うつ・不安と不機嫌・怒り感情，無気力反応に有意なパスが見られたことから，人とうまくいかないと感じるときは情動反応への影響が強いことがわかった。武井（1998）では対人関係やコミュニケーションといった他者とのかかわりのストレッサーが不機嫌・怒り反応を喚起することを示しており，同じような結果となった。また人とのつき合い方のストレッサーは，多くのストレス反応を引き出すことを示唆している。

　悪い結果の予想のストレッサーは，ストレス反応への直接的な影響は見られなかった。高校生はストレッサーとして認知はしているが，他のストレッサーに比べてストレス反応は感じていないのかもしれない。

嶋田（1998）はストレス反応モデルを提示し，抑うつ，不安，怒りに代表される情動的反応から，情動的混乱といった認知行動的反応を引き起こし，さらに身体的疲労感などの身体的反応を引き起こすとしている。本研究で抑うつ・不安，不機嫌・怒りへの有意なパスが多く見られたことは，ストレッサーからの直接的影響はまず情動反応へ強く表れるものと考えられる。さらに身体的反応へのパスが見られたことは，人から受ける不利益のストレッサーは他のストレッサーより深刻なストレス反応を引き起こす可能性が示唆される。また人から受ける不利益，人とのつきあい方のストレッサーは多くの有意なパスがあり，高校生にとって様々なストレス反応を引き起こすストレッサーとなっている。

4．友人関係とストレッサー，ストレス反応との関係

　友人関係の関係拒否性からは，自己能力の低さのストレッサーを認知して抑うつ・不安反応への間接効果は有意な正のパスが見られたが，抑うつ・不安反応への直接効果は有意な負のパスであった。友人関係の尺度は普段友人に接する態度を測る尺度であるのに対し，ストレッサー尺度は認知を測る尺度である。そのため，関係拒否性の態度から自己能力の低さに対するストレッサーを認知しない場合は，抑うつ・不安反応を低減する効果が見られる。一方，認知する場合はストレッサーが高まり，抑うつ・不安のストレス反応が高まることが明らかになった。さらに関係拒否性から自己能力の低さのストレッサーを認知して無気力反応への間接効果として有意な正のパスと，無気力反応への直接効果として有意な正のパスが見られた。この関係は抑うつ・不安反応と違い，無気力反応へは間接・直接を問わずストレス反応が高まることが明らかになった。関係拒否性の友人関係は，ストレスを高める場合と低減する場合があり，不安定な関係性であると言える。

　友人関係の親密性からは，自己能力の低さのストレッサーを認知して抑うつ・不安反応，無気力反応への間接効果は有意な正のパスが見られた。この結果から友人に対する親密性の態度から自己能力の低さに対するストレッサ

ーを認知する場合は，抑うつ・不安，無気力へのストレス反応が高まることが明らかになった。

5．友人関係のあり方とストレスの関係

　高校生の友人関係のあり方の違いによって，異なるストレッサー，異なるストレス反応との関係が示唆された。その中で，友人関係が親密であることがストレス反応を低減するには有効であるという結果となった。ストレス対策には，親密性が高まる友人関係を築く取り組みをすることが重要であると言える。ただし一方でストレッサーへの正の影響が見られたことから他の要因についても検討が必要であろう。

　友人への無関心について無気力反応への影響が見られた。ストレスの低減という観点では，友人関係に無関心な生徒にやる気を起こさせるような取り組みをすることが必要ではないだろうか。

　友人への依存については，ストレッサー，ストレス反応への影響が見られたが，友人から影響を受けやすいためストレスを抱えやすい関係性と言える。常に不安を抱えマイナスのイメージを持ちやすいため，情緒面での対処を考えて取り組んでいく必要があるのかもしれない。

　拒否的な友人関係はストレッサー，ストレス反応への影響が他の関係性よりも多く，最もストレスを受け易い関係性であると言える。このことから拒否的な友人関係を持つ高校生に対しては，ストレス対策を積極的に行う必要性を感じる。情緒面への対処や認知面への対処とともに，友人関係のあり方を拒否的な関係から少しでも和らげたり，別な関係に変えていくことの可能性についても検討し，ストレスを低減する取り組みが必要と言える。

第6章 高校生の主観的学校ストレッサー，ストレス反応，および友人関係の関連における性差の検討

第1節 主観的学校ストレッサー，ストレス反応および友人関係における性差の検討

目的

本研究では，学校ストレッサーとして主観的学校ストレッサーを取り上げ，主観的学校ストレッサー，ストレス反応，友人関係の各因子における性差について検討することを目的とする。

方法

1．対象者

公立高校全日制普通科3校1，2年483名（1年男子104名，1年女子174名，2年男子105名，2年女子100名）。

2．実施時期

2001年1月下旬―3月中旬

3．調査測度

第3章第2節で作成された主観的学校ストレッサー尺度（50項目），第5章第1節で作成された高校生用友人関係性尺度（29項目），第3章第3節で作成されたストレス反応尺度（16項目）を用いた。

4．手続き

調査は対象者の学校においてLHRの時間の一部を使って行った。調査は対象者の負担を考え2回に分けて実施した。1回目は主観的学校ストレッサ

一尺度について調査を行い，2回目はストレス反応尺度と友人関係性尺度について調査を行った。回答は無記名で対象者のペースで進められた。ただし，1回目と2回目の対象者の質問紙を照合させるためにどちらにも同じ記号を記入するように指示した。回答時間は，1回目は約30分，2回目は約20分であった。

結果

分析には統計ソフト SPSS 12.0J for Windows を用いた。各下位尺度を構成する各項目の合計点を下位尺度得点とし，各下位尺度得点の平均値の差について t 検定を行い性差について検討した（Table 6-1）。

その結果，主観的学校ストレッサー尺度では，「人から受ける不利益」において，得点は男子が女子より有意に高く（$t(408.55)=3.82, p<.01$），「自己能力の低さ」「悪い結果の予想」において，得点は女子が男子より有意に高かった（$t(481)=2.61, p<.01 ; t(481)=1.95, p<.05$）。男子は，「人から受ける不利益」のストレッサーが女子より高いことが明らかになった。女子は，「自己能力の低さ」に対するストレッサーと「悪い結果の予想」に対するストレッサーが男子より高いことが示された。

ストレス反応尺度では，「不機嫌・怒り感情」において，得点は男子が女子より有意に高かった（$t(481)=2.67, p<.01$）。また「抑うつ・不安感情」において，得点は女子が男子より有意に高かった（$t(481)=3.18, p<.01$）。男子は不機嫌・怒り感情が高く，女子は抑うつ・不安感情が高いことが明らかとなった。

友人関係性尺度では，「関係拒否性」と「無関心性」において，得点は男子が女子より有意に高く（$t(481)=4.51, p<.01 ; t(390.52)=6.05, p<.01$），「親密性」において，得点は女子が男子より有意に高かった（$t(411.86)=8.36, p<.01$）。友人関係拒否や無関心といった，友人との結びつきを好まない関係性では男子の方が高く，親密な関係といった，友人との結びつきを

第6章 高校生の主観的学校ストレッサー，ストレス反応，および友人関係の関連における性差の検討

Table 6-1 各尺度の下位尺度得点の平均と標準偏差と性差の t 検定結果

	下位尺度	男子 ($N=209$)	女子 ($N=274$)	t 値	自由度
友人関係性尺度	関係拒否性	17.22 (7.11)	12.85 (7.00)	4.51**	481
	依存性	16.67 (6.68)	18.75 (6.13)	1.63	481
	親密性	11.92 (5.00)	16.15 (4.67)	8.36**	411.86
	無関心性	5.50 (3.27)	3.42 (2.71)	6.05**	390.52
主観的学校ストレッサー尺度	自己能力の低さ	41.63 (24.89)	45.95 (24.30)	2.61**	481
	人から受ける不利益	24.65 (27.02)	20.58 (14.76)	3.82**	408.55
	有意義な時間の欲求	36.78 (19.51)	35.17 (17.98)	0.93	481
	人からの評価	13.80 (10.50)	15.00 (11.87)	1.26	481
	人とのつきあい方	14.19 (12.81)	13.96 (12.00)	0.72	481
	悪い結果の予想	17.31 (10.30)	18.57 (10.73)	1.95*	481
ストレス反応尺度	抑うつ・不安感情	2.97 (3.12)	3.39 (2.88)	3.18**	481
	不機嫌・怒り感情	4.24 (3.28)	3.71 (2.99)	2.67**	481
	身体的反応	3.40 (2.81)	3.11 (2.53)	1.41	481
	無気力的認知・思考	4.85 (2.90)	4.92 (2.53)	.49	481

1) 各セルの値は平均値, ( ) は標準偏差
2) *$p<.05$, **$p<.01$
3) 自由度が小数の尺度は Welch-test による

高める関係性は，女子の方が得意であることが明らかとなった。

考察

主観的学校ストレッサー尺度では，「人から受ける不利益」において，得点は女子が男子より有意に低かった。攻撃行動研究において，攻撃には直接的攻撃行動と間接的攻撃行動があることが明らかになっている。小田部・加藤（2007）によれば，直接的攻撃行動を受ける経験が男子の方が女子に比べ多く，間接的攻撃行動を受ける経験は女子の方が男子より多いことを指摘している。「人から受ける不利益」の項目の中には，「自分の意見を聞いてもらえず相手の意見を押しつけられたと感じるとき」というような，高校生にとっては直接的な攻撃行動として受け取られる可能性がある項目が含まれていると思われる。そのため，女子は男子より有意に得点が低くなったと考えられる。日常場面における学校ストレッサーを扱った先行研究では，男子が女子よりストレッサーが高いという結果はほとんどなく，「人から受ける不利益」のストレッサーの性差は主観的学校ストレッサー特有の結果であると言える。

「自己能力の低さ」「悪い結果の予想」において，得点は女子が男子より有意に高く，女子は自己に対する評価や将来に対する評価が男子より低く，ストレッサーとなっていることが明らかになった。自己能力の低さのストレッサーは自尊心や自己評価と関連していると考えられる。渡邊（1998）では自尊心や自己評価は小学校高学年ごろから女子の方が低くなり，その後年齢とともに性差が大きくなっていることを指摘しており，高校生においても本研究の結果を支持する結果となっている。また鍋島（2003）によれば高校生の発達段階では，女子の方が男子より自分の身体や容姿を気にしたりすることを明らかにしており，自己の内省に対する厳しさがあることも考えられる。そのためにこのような性差が表れた可能性が示唆される。また悪い結果の予想のストレッサーは不安と関連した内容になっているが，Sadock & Sadock

(2003) では不安は女子の方が高いことを指摘している。もともと不安に対する性差は女子の方が高いことから，悪い結果の予想のストレッサーにおいても女子の方が高い可能性が考えられる。一方で，吉原・藤生（2003）では「自己能力の低さ」と「学業」「友人関係」との正の相関があることを，また「悪い結果の予想」は「学業」と正の相関があることを見出している。日常場面における学校ストレッサーを測った先行研究では，三浦・川岡（2008）は，「学業」で，野口・西村（1999）は「友人関係」で，女子の方が男子よりストレッサー得点が高いことを報告している。高校生活では，男子より女子の方が学業や友人関係に関してストレッサーを高く感じていることが考えられる。これらの結果からも，「自己能力の低さ」「悪い結果の予想」は男子より女子の方が高くなることが示唆される。

　ストレス反応尺度では，「抑うつ・不安感情」においては，得点は女子が男子より有意に高かった。坂・真中（2002）は，「抑うつ・不安感情」で女子の方が有意に高いことを報告している。また一般のうつ病も女子の方が男子よりもうつ病になりやすいことが指摘されており（例えば，Sadock & Sadock, 2003），抑うつにも同じような傾向があることが予想される。同様にSadock & Sadock（2003）によれば不安についても女子の方が男子より高いことが報告されている。女子が男子より抑うつ・不安が高い理由として，松並（2008）は性役割の観点から，女性の方が抑うつや不安が高まるのではないかと指摘している。抑うつ・不安については，特に女子に配慮することが大切であると言える。

　また「不機嫌・怒り感情」において，得点は男子が女子より有意に高かった。菅・上地（1996）は，「不機嫌怒り」で男子が有意に高いことを報告しており，先行研究と同様の結果となっている。男子は女子よりも怒りの表出をすることが多く，高いストレス反応となっているといえる。一般にストレスが内在化すると抑うつが高くなり，外在化すると怒りが表面に現れる。性役割の観点から見ると男子は外在化する傾向があり，女子は内在化する傾向

にあるのではないか。その結果男子は「不機嫌・怒り」が高まり，女子は「抑うつ・不安」が高くなるのではないかと思われる。

　友人関係性尺度では，「関係拒否性」と「無関心性」において得点は男子が女子より有意に高かった。関（1982）では男性は「関係拒否性」が高いことを指摘しており，中園・野島（2003）は，「無関心群」は女性より男性に多かったと報告しており，一致する結果であった。また「親密性」において，得点は女子が男子より有意に高かった。これは久米（2001）と一致する結果であった。高校生の友人関係においては，大学生の対人関係と同様に友人関係の結びつきを好む関係性では女子が，友人との結びつきを好まない関係性では男子が高いことが支持される結果となった。

　友人関係における性差はなぜ生じるのだろうか。これらの性差が生じ理由の一つとして，従来から指摘されているような社会的役割観が影響しているのではないかと思われる（例えば，久米，2001；柏尾，2005）。すなわち男子は達成，競争，独立といった人に頼らない態度を身につけさせられ，そうした態度を内在化していると考えられる。一方女子は暖かさ，親密感，表情の豊かさを身につけさせるように育てられ，より友人への関心を示し，暖かい相互関係を築くと考えられる。男子は人に頼らない態度を身につけさせられることにより，女子よりも友人関係を拒否して孤立した関係を好んだり，友人に対する無関心さが増したりするのではないかと思われる。女子は親密感を持って育てられ，友人により暖かい関係を求めようとすることから親密性が高まるのではないかと考えられる。また，榎本（1999）は男女の交友関係の違いにおいて，女子は親密な関係を作ることが交友関係では重視されていることを指摘しており，この点からも「親密性」において女子の方が高くなったと考えられる。

第2節　主観的学校ストレッサー，ストレス反応，および友人関係の関連における性差の検討

目的

　第5章第2節の高校生の友人関係のあり方と主観的学校ストレッサー，ストレス反応との関係におけるモデルをもとに，性別によるメカニズムの違いを明らかにすることを目的とする。

方法

1．対象者

　公立高校全日制普通科3校1，2年483名（1年男子104名，1年女子174名，2年男子105名，2年女子100名）。

2．実施時期

　2001年1月下旬－3月中旬

3．調査測度

　第3章第2節で作成された主観的学校ストレッサー尺度（50項目），第5章第1節で作成された高校生用友人関係性尺度（29項目），第3章第3節で作成されたストレス反応尺度（16項目）を用いた。

4．手続き

　調査は対象者の学校においてLHR時間の一部を使って行った。調査は対象者の負担を考え2回に分けて実施した。1回目は主観的な学校ストレッサー尺度について調査を行い，2回目はストレス反応尺度と友人関係性尺度について調査を行った。回答は無記名で対象者のペースで進められた。ただし，1回目と2回目の対象者の質問紙を照合させるためにどちらにも同じ記号を記入するように指示した。回答時間は，1回目は約30分，2回目は約20分であった。

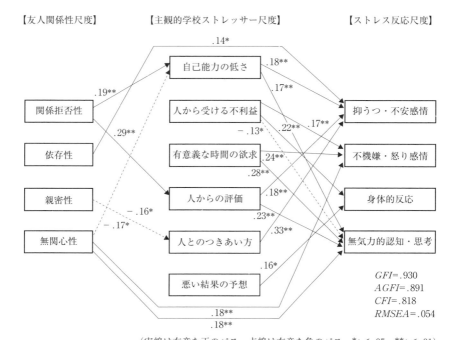

(実線は有意な正のパス，点線は有意な負のパス．*p＜.05，**p＜.01)

Figure 6-1　友人関係とストレッサー，ストレス反応のパス・ダイヤグラム（男子）

結果

　分析には統計ソフト Amos4.02 を用いた。多重共線性の問題を避けるため，以下の分析では下位尺度得点を使用せず，おのおのの尺度について因子分析（バリマックス回転）を行い，因子得点を採用した。主観的学校ストレッサー尺度，ストレス反応尺度，友人関係性尺度の3つの尺度の得点の関係については，吉原・藤生（2005）のモデルの適合度が十分な数値であったため，このモデルを採用した。モデルは友人関係性尺度を外生変数，主観的学校ストレッサー尺度とストレス反応を内生変数として各変数間における影響関係を想定し男女別にパス解析を用いて検討した（Figure 6-1, Figure 6-2）。男子のモデルの適合度指標は，$GFI=.930$，$AGFI=.891$，$CFI=.818$，$RMSEA$

第 6 章 高校生の主観的学校ストレッサー，ストレス反応，および友人関係の関連における性差の検討　87

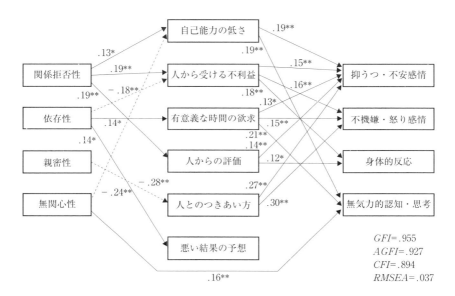

（実線は有意な正のパス，点線は有意な負のパス．*p＜.05，**p＜.01）

Figure 6-2 友人関係とストレッサー，ストレス反応のパス・ダイヤグラム（女子）

=.054であった．女子のモデルの適合度指標は，GFI=.955，$AGFI$=.927，CFI=.894，$RMSEA$=.037であった．また，各因子間の男女別の因子得点による相関係数を Table 6-2，Table 6-3 に示す．

1．主観的学校ストレッサーとストレス反応の関係における性差

男女とも，主観的学校ストレッサーからストレス反応に多くの有意なパスが確認された．特に女子は男子に比べ，主観的学校ストレッサーから「抑うつ・不安感情」への有意なパスが多く見られ，「自己能力の低さ」「人から受ける不利益」「有意義な時間の欲求」「人からの評価」「人とのつきあい方」から「抑うつ・不安感情」への有意なパスが確認された（$\chi^2(64)$=3.66，p＜.01；$\chi^2(64)$=2.62，p＜.01；$\chi^2(64)$=2.45，p＜.05；$\chi^2(64)$=2.79，p＜.01；

Table 6-2 各因子得点

		1	2	3	4	5	6	7
1	関係拒否性		.13	.12	.16*	.17*	.14*	.11
2	依存性			.16*	-.07	.07	-.05	-.01
3	親密性				.15*	.09	.12	.12
4	無関心性					-.13	.12	.02
5	自己能力の低さ						.00	.14*
6	人から受ける不利益							.16*
7	有意義な時間の欲求							
8	人からの評価							
9	人とのつきあい方							
10	悪い結果の予想							
11	抑うつ・不安感情							
12	不機嫌・怒り感情							
13	身体的反応							
14	無気力的認知・思考							

Table 6-3 各因子得点

		1	2	3	4	5	6	7
1	関係拒否性		-.07	-.15*	.03	.11	.21**	-.04
2	依存性			.05	-.04	-.03	-.21**	.06
3	親密性				.00	.03	-.12*	.03
4	無関心性					-.19**	.03	.05
5	自己能力の低さ						.11	.05
6	人から受ける不利益							-.09
7	有意義な時間の欲求							
8	人からの評価							
9	人とのつきあい方							
10	悪い結果の予想							
11	抑うつ・不安感情							
12	不機嫌・怒り感情							
13	身体的反応							
14	無気力的認知・思考							

間の相関行列（男子）

8	9	10	11	12	13	14
.32**	.07	.00	.06	.20**	.20**	.24**
.15*	−.08	.05	.16*	.02	−.03	.02
−.02	−.17*	−.01	−.12	.11	.01	.03
.09	.00	.08	−.12	.20**	.13	.17*
.11	−.04	.11	.20**	.16*	.10	.22**
.16*	.08	−.05	.05	.23**	.22**	−.04
.05	.19**	−.02	.14*	.27**	.11	.31**
	.07	−.06	.23**	.19**	.11	.24**
		.05	.31**	.16*	.11	.14*
			−.01	.11	.13	.05
				.13	.03	.18*
					.18**	.14*
						.23**

$*p<.05, **p<.01$

間の相関行列（女子）

8	9	10	11	12	13	14
.16**	.14*	−.02	.05	.07	.12*	.11
.11	−.01	.15*	.06	.00	−.11	.08
−.12*	−.28**	−.06	−.06	−.13*	−.09	−.06
.01	−.07	.05	−.15*	−.02	.04	.12
.09	.08	.08	.25**	.05	.09	.21**
.05	.18**	.06	.20**	.19**	.17**	.03
−.05	−.06	.23**	.11	.13*	.10	.27**
	.07	.11	.19**	.07	.14*	.10
		−.10	.29**	.29**	.01	.08
			.02	.06	.09	.16*
				.16**	.02	.10
					.10	.07
						.04

$*p<.05, **p<.01$

$\chi^2(64) = 4.57$, $p < .01$)。また男子は女子に比べ主観的学校ストレッサーから「無気力的認知・思考」への有意なパスが多く見られ,「自己能力の低さ」「人から受ける不利益」「有意義な時間の欲求」「人からの評価」から「無気力的認知・思考」への有意なパスが確認された($\chi^2(67) = 2.91$, $p < .01$;$\chi^2(67) = -2.30$, $p < .05$;$\chi^2(67) = 4.78$, $p < .01$;$\chi^2(67) = 3.48$, $p < .01$)。主観的学校ストレッサーからストレス反応の影響において,性別によるメカニズムの違いが確認された。

2．友人関係と主観的学校ストレッサーの関係における性差

友人関係から主観的学校ストレッサーへのパスは,女子の方に有意なパスが多く見られ,男子は有意なパスがほとんどなく,性別によるメカニズムの違いが明らかになった。女子では「関係拒否性」「依存性」から「人から受ける不利益」に有意なパスが見られた($\chi^2(64) = 3.44$, $p < .01$;$\chi^2(64) = -3.43$, $p < .01$)。男子では友人関係から「人から受ける不利益」に有意なパスは見られなかった。女子では「依存性」から「有意義な時間の欲求」に有意なパスが見られた($\chi^2(64) = 2.12$, $p < .05$)。男子では友人関係から「有意義な時間の欲求」に有意なパスは見られなかった。女子では「依存性」から「悪い結果の予想」に有意なパスが見られた($\chi^2(64) = 2.56$, $p < .05$)。男子では友人関係から「悪い結果の予想」に有意なパスは見られなかった。「自己能力の低さ」「人からの評価」「人とのつきあい方」には,友人関係から有意なパスに性差は見られなかった。

3．友人関係とストレス反応の関係における性差

友人関係からストレス反応への有意なパスは女子に比べ男子に多く,性別によるメカニズムの違いが確認された。「抑うつ・不安感情」に有意なパスがみられたのは,男子は「依存性」であり($\chi^2(67) = 2.33$, $p < .05$),女子には有意なパスは見られなかった。「不機嫌・怒り感情」に有意なパスがみられたのは,男子は「無関心性」であり($\chi^2(67) = 2.71$, $p < .01$),女子には有意なパスは見られなかった。友人関係から「身体的反応」「無気力的認知・

思考」へのパスに性差はみられなかった。
4．性別によるメカニズムの違い

　男子は女子より，友人関係の「依存性」「無関心性」からストレス反応への直接効果を表す正のパスが多く見られた。一方で女子は男子より，友人関係の「関係拒否性」「依存性」から，主観的学校ストレッサーを認知してストレス反応への間接効果を表すパスが多く見られた。

考察

1．主観的学校ストレッサーとストレス反応との関係における性差の検討

　吉原・藤生（2005）と同様に，男女とも主観的学校ストレッサーからストレス反応への影響が多く見られたが，その影響は男女で異なっており，主観的学校ストレッサーとストレス反応との間には，性別ごとにメカニズムが異なることが明らかになった。

　性別によるメカニズムの違いは主観的学校ストレッサーからストレス反応の「抑うつ・不安感情」への影響において，特に，女子はほとんどのストレッサーが「抑うつ・不安感情」に影響を与えており，男子に比べて「抑うつ・不安感情」を高めるストレッサーから有意なパスが多くあることが明らかとなった。田中（2005）では女子は一般的にストレッサーに対する自覚が高いことを指摘しており，本研究においても女子は，「抑うつ・不安感情」に影響を与えるストレッサーを多く自覚すると考えられる。また前述のように本研究では，「抑うつ・不安感情」は女子の方が男子より高いことが明らかとなったが，その理由の一つとして，女子の方が多くの種類の主観的学校ストレッサーからの影響を受けていることから「抑うつ・不安感情」が高まる可能性が示唆された。女子の「抑うつ・不安感情」についての対応は，異なる種類の主観的学校ストレッサーの存在を考慮しながら行う必要があると思われる。

　主観的学校ストレッサーからストレス反応の「無気力的認知・思考」への

影響において，特に男子は女子より多くの種類の主観的学校ストレッサーが「無気力的認知・思考」に影響を与えていることが明らかになった。本研究では，前述のように「無気力的認知・思考」では性差が見られなかったが，多くの種類の主観的学校ストレッサーの影響を受けて「無気力的認知・思考」が高まっていることが示唆された。男子の「無気力的認知・思考」についての対応は，異なる種類の主観的学校ストレッサーの存在を考慮しながら行う必要があると思われる。

2．友人関係のあり方と主観的学校ストレッサーとの関係における性差の検討

　吉原・藤生（2005）では男女を合わせたモデルの検討を行っているが，比較すると吉原・藤生（2005）における友人関係から主観的学校ストレッサーへのパスは有意なパスは少なかった。しかし男女別で分析した結果，男女を合わせた分析では見られなかった有意なパスが増加していた。性差の特徴として，全体的には友人関係のあり方から主観的学校ストレッサーへの有意なパスは男子に比べ女子の方に多くみられ，友人関係から主観的学校ストレッサーへの影響は男女でメカニズムが違うことが明らかとなった。

　女子では，「関係拒否性」「依存性」から「人から受ける不利益」に有意なパスが見られたが，男子では見られなかった。女子は男子に比べて，友人への依存を望みつつも関係を拒否する状況は，相手からの働きかけ自体が自分に対する不利益と捉えられる可能性が示唆される。また，友人への依存は，相手への配慮から自己に我慢を強いられることになりかねない。そのことが自分に対する不利益と認知することから，有意なパスが見られたのではないかと考えられる。一方で男子は拒否的な関係や依存的な関係では，女子のように「人から受ける不利益」と認知しないと思われる。

　女子では「依存性」から「有意義な時間の欲求」「悪い結果の予想」に有意なパスが見られたが，男子では見られなかった。女子にとって依存的な友人関係は，自分が望まない状況で相手に合わせて一緒に行動を共にすること

で，自分の時間を減らされたと感じるのかもしれない。

女子では「依存性」から「悪い結果の予想」に有意なパスが見られたが，男子では見られなかった。「悪い結果の予想」は失敗したくないと感じたり，人前で恥をかきたくないと感じたりする内容であり，依存的な友人関係の場合，友人に対する失敗や恥をストレスと感じやすくなっていると思われる。

3．友人関係のあり方とストレス反応との関係における性差の検討

全体的には友人関係からストレス反応への有意なパスは少なく，直接的な影響は小さいことが明らかとなった。しかし男女差においては友人関係からストレス反応への有意なパスは女子より男子の方に多くみられ，直接的な影響は男子の方が多様であることが明らかとなった。

友人関係の「依存性」から，男子は「抑うつ・不安感情」に正の有意なパスがみられ，女子には有意なパスは見られなかった。久米（2001）の指摘するように，従来，男子は人に頼らない態度を身につけさせられ，そうした態度を内在化していると考えられており，友人に依存する男子は，従来からの男子のあり方との矛盾を抱えてしまうことが考えられる。男子はこの矛盾から「抑うつ・不安感情」のストレス反応を表出することにつながる可能性が示唆された。一方で久米（2001）では，女子は温かさや親密感を強調して育てられるため，より友人への関心を示し，温かい相互的な関係を築くと考えられる，と述べており，女子は依存することに抵抗感は感じられないと思われる。そのため，男子と比べ「依存性」から「抑うつ・不安感情」へのメカニズムが異なるのではないかと考えられる。

友人関係の「無関心性」から男女ともに「無気力的認知・思考」への有意なパスがみられた。「無関心性」は，男女とも「無気力的認知・思考」に正の有意なパスがみられた。橋本（2000）では，無関心群の適応のよさを指摘していたが，本研究では無関心はストレス反応に対して適応的でないことが明らかになった。橋本（2000）においても無関心であることは本当に適応的なのか疑問を投げかけていたが，本研究では男女とも適応的でない場合があ

りうることが明らかになった。

さらに男子にのみ，友人関係の「無関心性」から「不機嫌・怒り感情」に正の有意なパスがみられた。本研究における「無関心性」は，友人から関わられることに対して煩わしさを感じる項目を含んでおり，友人に対して無関心でいたいが，関わりを持つことに対する不機嫌さや怒りを感じていることが予想される。そのような傾向が男子の方が女子より強いことが示唆される。

4．モデル全体から見た性別によるメカニズムの違い

男子は女子より，「依存性」や「無関心性」の友人関係のあり方から，ストレス反応への直接的影響が多く見られた。一方で女子は男子より，関係拒否性や依存性の友人関係のあり方から，主観的学校ストレッサーを認知してストレス反応への間接的影響が多く見られた。Sherrod（1989）によれば，男性は同じような行動を取る人を友人として求めるのに対して，女子は同じように感じてくれる人を友人として求める。つまり男子は友人関係を手段的に捉え，女子は情緒的に捉えていることを指摘している。男子は友人関係を手段として捉えるため，普段友人に接する態度そのものに対して，直接ストレス反応に結びつける傾向があるのではないかと思われる。女子は友人関係を情緒的に捉えるため，友人に接する態度に対して，主観的な視点で意味づけを行い，それをストレッサーとして認知する傾向があることがうかがえる。そして，そのストレッサーに対して，ストレス反応を結びつけるというメカニズムが存在することが示唆される。

この性別によるメカニズムの違いにより，ストレス低減のためには，男女で異なる介入方法を検討する必要がある。男子は友人関係とストレッサーの関連が薄く，それぞれに対して介入していくことが，ストレスの低減のためには必要になると思われる。一方女子は友人関係と主観的学校ストレッサーは関連しており，友人関係または主観的学校ストレッサーのいずれかに焦点を当てて介入することで，ストレスの低減を図ることができると思われる。

第7章 高校生の友人グループが主観的学校ストレッサーとストレス反応に及ぼす影響

第1節 友人グループ状態尺度の開発と性差の検討

目的
　高校生の友人グループの状態を調べるための尺度を作成し，性差について検討する。

方法
1．暫定尺度の作成
　生徒の立場からとらえた，友人グループの状態を測る尺度を作成するため，高校2年生30名（男子14名，女子16名）に自由記述式のアンケートを実施した。その結果，132件の反応項目が収集された。さらに，服部（2006）の尺度，伊藤・松井（2001）の質問紙の項目を参考に，項目を作成した。それらの項目を，心理学を専門とする大学院生3名によって，KJ法による分類を行った。重複している内容は削除し，項目数が多いカテゴリーは代表的な項目を選び，最終的に12カテゴリー，90項目を抽出し，友人グループの状態を測る暫定尺度が作成された。12カテゴリーは「グループの雰囲気」「同調行動」「協同的問題解決」「グループからのサポート」「グループへの気遣い」「自己中心的な行動」「グループ内の不和」「グループへの我慢」「グループに合わせる」「所属感」「グループの移動」「グループのメリット」と命名された。

2．対象者
　公立高校全日制普通科・理数科3校1，2年571名（1年男子65名，1年女子

50名，2年男子233名，2年女子222名，不明1名)。調査は年度を跨いだため，学年は2009年3月現在の学年とした。

3．実施時期

2009年3月－9月

4．調査測度

「1．暫定尺度の作成」で作成された友人グループの状態を測る暫定尺度(90項目)を使用した。また友人グループに所属しているかどうかを問う質問項目も加えた。

5．手続き

グループの定義は服部(2006)にならい，「一緒にお昼ごはんを食べたり，一緒に行動をするような，2人以上のグループ」として回答を求めた。教示文は「あなたは現在入っているグループで，実際にどのように過ごしていますか？　それぞれのできごとについて，回答欄のあてはまる数字を1つ選んで○で囲んで下さい。現在グループに入っていない方は，グループをクラスに置き換えて答えてください。現在複数のグループに入っている方は，一番かかわりがあるグループについて答えてください。」であった。「全く当てはまらない」から「よくあてはまる」までの5件法（得点範囲：1－5点）で回答を求めた。

結果

分析には，統計処理ソフトSPSS 12.0J for Windowsを利用した。

分析対象は，グループに所属していない生徒（グループを，クラスを対象として回答した生徒），男子41名（7.2%），女子21名（3.7%）を除いた男子256名，女子252名，性別不明1名の合計509名を基礎統計の分析対象とした。また，因子分析では，欠損値のある生徒を除いた男子230名，女子239名，合計469名を分析対象とした。

Table 7-1　友人グループ状態尺度各項目の N, 平均および標準偏差

項目内容	N	平均値	標準偏差
1：グループのメンバーとけんかをしてもすぐに仲直りできる	507	3.79	0.98
2：グループのメンバーは，大勢人が集まる場面で一緒に行動する	508	3.86	1.03
3：グループのメンバーは，みな協力的で助け合うことができる	509	4.07	0.87
4：グループのメンバーは，話を聞いてくれる	509	4.21	0.85
5：グループの中では自己主張しすぎない	508	3.70	1.00
6：グループのメンバーには，何か決めるとき強い力を持つ人がいる	509	3.04	1.11
7：グループのメンバーの中には，自分勝手な行動をする人がいる	508	2.52	1.18
8：言いたいことが言えない	508	2.15	1.10
9：本心は違っても，グループの決めたことに従う	506	2.53	1.10
10：自分のグループだけで固まって他のグループの人と仲良くできない	509	2.00	1.06
11：グループの人それぞれの考え方の違いが刺激になる	508	3.25	1.01
12：一人にならなくてすむ	506	3.71	1.06
13：思ったことや自分の考えを素直に言えない	507	2.24	1.03
14：このグループはもめ事が少ない	507	4.08	1.09
15：グループのメンバーとの約束を守る	507	3.97	0.92
16：グループのメンバーは，困っているときに相談に乗ってくれる	508	3.91	1.00
17：グループのメンバーは，まとまって行動することができる	506	4.07	0.87
18：グループのメンバーは，昼食を一緒に取る	508	4.41	0.96
19：グループのメンバーで，笑うことが多い	505	4.47	0.80
20：グループのメンバーを傷つけないように接している	508	4.02	0.95
21：グループのメンバーは，困っているときにアドバイスしてくれる	508	3.86	0.97
22：グループのメンバーは，グループでのお互いの役割を把握している	507	3.33	0.96
23：グループのメンバーは趣味や好みが合う	508	3.66	1.01
24：グループでは，自由に話をすることができる	508	4.28	0.85
25：重苦しい雰囲気になることがある	507	2.24	1.06
26：我慢することが多い	507	2.30	1.07
27：自分が思ったようにではなく，周りに合わせて行動する	507	2.77	1.08
28：自分の居場所を確保できる	507	3.82	0.94
29：他のグループに入っていきづらい	507	2.54	1.24
30：グループの人と話すことで，新しい考え方を知ることができる	508	3.63	0.93
31：グループのメンバーは，みんな仲良く話せる	507	4.41	0.79
32：グループのメンバーは遊ぶときにはいつも一緒にいる	507	3.51	1.05
33：グループのメンバーは，いろいろなことを教えてくれる	504	3.82	0.91
34：もめ事を起こす人はいない	505	3.88	1.08
35：自分が思ったとおりに行動できない	506	2.29	1.02
36：自分の思うようにではなく，グループの雰囲気に合わせる	505	2.99	1.01
37：グループから離れると，どこにも行き場がなくなる	505	2.29	1.11
38：自由にふざけたりすることができる	505	4.10	0.95

Table 7-1 友人グループ状態尺度各項目のN, 平均および標準偏差（つづき）

項目内容	N	平均値	標準偏差
39：グループのメンバーは行事の時に一緒に行動する	506	3.89	0.96
40：グループのメンバーは，お互いに協力し合えるような雰囲気作りをしている	506	3.83	0.90
41：グループのメンバーは，困っているときに一緒にいてくれる	505	3.84	0.96
42：グループのメンバーの悪口を言わない	507	3.71	1.15
43：このグループでは，仕切ろうとする人がいる	505	2.65	1.14
44：グループがバラバラになる雰囲気がある	507	2.14	1.03
45：表面的には仲が良くても，心の中ではそう思っていない	507	2.04	1.07
46：心細い思いをしなくてすむ	507	3.66	1.05
47：それぞれに違った意見を交換することができる	506	3.79	0.88
48：自分の考えを持っていてもグループの人の意見に合わせる	507	2.74	1.01
49：お互いに嫌っている人がいる	506	2.03	1.13
50：グループのメンバーの中には，みんなが逆らえない人がいる	507	1.74	0.97
51：グループのメンバーは，自分のことを心配してくれる	507	3.68	0.93
52：グループのメンバーは，問題が起こったとき一致団結して問題を解決しようとする	507	3.55	0.92
53：グループのメンバーと話題が合うように話している	507	3.39	0.95
54：自分たちの気持ちを気軽に話せる	506	3.94	0.88
55：グループのメンバーの中には，自分たちの意見を押し通そうとする人たちがいる	507	2.30	1.11
56：グループのメンバーとずれた人を，グループからはずそうとする	507	1.72	0.95
57：自分の意見があっても，言わずに我慢する	507	2.25	1.01
58：グループ内の人に気をつかって行動する	505	2.87	1.15
59：学校生活に必要な情報を知ることができる	505	3.67	0.98
60：自分のグループの人以外とは，あまり交流する機会がない	505	2.26	1.12
61：個人的な問題を安心して話せる	505	3.66	1.06
62：グループのメンバーは，自分がひとりでいたいときにはそっとしておいてくれる	506	3.64	0.89
63：グループのメンバーと一緒にいることで楽しく過ごせる	503	4.31	0.84
64：自分のグループのメンバーだけでかたまりやすい	503	3.59	1.09
65：グループでは，誰の意見も平等に扱われる	505	3.74	0.96
66：グループのメンバーに思いやりを持って接している	505	4.06	0.83
67：グループのメンバーの中には，気の合わない人がいる	506	2.42	1.20
68：陰で他の人のことをいろいろ言っている	506	2.27	1.11
69：自分がやりたくないことでも，我慢してグループの人と行動する	505	2.55	1.08
70：一人の寂しさを感じなくてすむ	506	3.65	1.02
71：居心地が悪ければ，そのグループから離れる	505	2.82	1.11
72：話題になっていることがよく伝わってくる	506	3.73	0.90
73：一人じゃないと思える	506	3.91	0.95
74：グループの雰囲気に合った話題を話す	506	3.59	0.92

Table 7-1 友人グループ状態尺度各項目のN，平均および標準偏差（つづき）

項目内容	N	平均値	標準偏差
75：グループの中では，本音を言わず隠しておく	506	2.55	1.06
76：理由もなく，気の合わない人を仲間はずれにしようとする	506	1.76	0.95
77：グループのメンバーにはあまり迷惑をかけないようにしている	506	3.58	0.94
78：いざというときに，自分を助けてくれる	506	3.81	0.89
79：相手によって協力の仕方に差はない	505	3.69	0.97
80：グループの人とは，口に出さなくても通じ合える	506	3.19	0.96
81：何かあったときに，頼りになる	505	3.95	0.93
82：気が合わなければ，別のグループへ移動する	506	2.45	1.05
83：グループの人にとってよいことを選んで，話す	505	3.39	0.91
84：グループ内の人間関係がこじれるようなことは言わない	506	3.77	0.98
85：表裏がある	506	2.55	1.18
86：グループの中では，自分の意見をなるべく言わない	506	2.39	1.00
87：グループの人は，自分のことのように心配してくれる	506	3.41	0.91
88：反対意見があるときも黙っている人が多い	506	2.49	0.96
89：教室を移動するときは，いつも同じ人と一緒に移動する	506	3.86	1.07
90：グループの人とは本音で話す	506	3.68	0.98

1．基礎統計

友人グループ状態尺度の項目の平均値は1.72—4.47の範囲にあり，標準偏差は0.79—1.24の範囲にあった（Table 7-1）。

2．因子構造

本研究では，6因子から12因子構造までを仮定して，各項目の得点について最尤法，プロマックス回転による因子分析を行った。その結果，固有値の減衰状況，解釈の容易さを考慮し，7因子構造を採用するのが妥当であると判断した。引き続き，各因子に不適切な内容の項目，因子負荷量が.45未満の項目，複数の因子に対する負荷量の差が.10未満の項目を削除しながら，同様の因子分析を繰り返した結果，最終的に7因子60項目（説明率57.36％）が友人グループ状態尺度として抽出された（Table 7-2）。第Ⅰ因子は「グループのメンバーは，困っているときにアドバイスしてくれる」「いざというときに，自分を助けてくれる」など，グループからの援助が受けられる状態を表す内容であり，「グループからのサポート」の因子と命名した。第Ⅱ因

Table 7-2 友人グループ状態尺度因子パターン (プロマックス回転後, N=469)

	I	II	III	IV	V	VI	VII
I　グループからのサポート（α=.94）							
51：グループのメンバーは，自分のことを心配してくれる	.90	.04	-.08	-.23	.05	-.10	-.02
21：グループのメンバーは，困っているときにアドバイスしてくれる	.83	-.06	.06	-.04	-.06	.00	.07
16：グループのメンバーは，困っているときに相談に乗ってくれる	.82	-.07	-.01	-.04	-.01	.01	-.07
52：グループのメンバーは，問題が起こったとき一致団結して問題を解決しようとする	.82	.12	-.08	.02	-.04	.02	-.01
78：いざというときに，自分を助けてくれる	.80	-.06	.04	-.04	-.01	.01	.05
87：グループの人は，自分のことのように心配してくれる	.80	.06	-.06	-.16	-.03	.01	.09
41：グループのメンバーは，困っているときに一緒にいてくれる	.77	-.01	.07	.09	.05	-.02	-.05
81：何かあったときに，頼りになる	.64	-.13	-.02	.13	-.03	.02	.01
33：グループのメンバーは，いろいろなことを教えてくれる	.59	.11	.00	.32	-.06	-.01	-.08
40：グループのメンバーは，お互いに協力し合えるような雰囲気作りをしている	.50	-.06	.15	.34	-.02	.06	.00
61：個人的な問題を安心して話せる	.50	.05	-.20	.19	.09	.05	-.09
3：グループのメンバーは，みな協力的で助け合うことができる	.50	-.07	-.02	.25	-.06	-.02	.08
4：グループのメンバーは，話を聞いてくれる	.48	-.08	-.10	.22	.04	.03	.04
22：グループのメンバーは，グループでのお互いの役割を把握している	.47	.18	.06	.20	-.09	-.03	.08
79：相手によって協力の仕方に差はない	.47	-.17	-.12	-.03	-.03	.17	.17
II　グループ内の不和（α=.89）							
68：陰で他の人のことをいろいろ言っている	.03	.79	-.08	.11	.16	-.09	-.11
76：理由もなく，気の合わない人を仲間はずれにしようとする	-.03	.73	-.11	.09	-.03	.10	.03
49：お互いに嫌っている人がいる	.08	.72	-.05	-.20	.06	-.04	-.01
67：グループのメンバーの中には，気の合わない人がいる	.08	.68	.02	-.22	.11	-.12	.02
56：グループのメンバーとずれた人を，グループからはずそうとする	-.04	.66	-.04	.04	-.01	.08	-.03
55：グループのメンバーの中には，自分たちの意見を押し通そうとする人たちがいる	.03	.64	.05	.15	-.02	.00	-.03
85：表裏がある	-.07	.61	.10	.09	.04	-.02	-.05
82：気が合わなければ，別のグループへ移動する	-.08	.59	-.17	.10	-.15	-.04	.36
50：グループのメンバーの中には，みんなが逆らえない人がいる	-.04	.59	.07	.12	-.09	.16	-.04
71：居心地が悪ければ，そのグループから離れる	.00	.54	-.29	-.03	-.08	.03	.35

Table 7-2 友人グループ状態尺度因子パターン（プロマックス回転後，N=469）（つづき）

	I	II	III	IV	V	VI	VII
69：自分がやりたくないことでも，我慢してグループの人と行動する	.04	.51	.29	.04	.11	-.06	.00
45：表面的には仲が良くても，心の中ではそう思っていない	.08	.50	.11	-.35	.05	-.02	-.05
7：グループのメンバーの中には，自分勝手な行動をする人がいる	-.02	.47	.19	.09	-.02	-.11	-.21
44：グループがバラバラになる雰囲気がある	.01	.47	.06	-.04	-.04	.14	.00
III 表面的な同調（α = .91）							
36：自分の思うようにではなく，グループの雰囲気に合わせる	-.10	-.14	.80	.24	.01	.02	.14
48：自分の考えを持っていてもグループの人の意見に合わせる	.07	.06	.80	.31	-.05	.02	-.08
27：自分が思ったようにではなく，周りに合わせて行動する	-.09	-.11	.78	.04	.03	-.02	.11
9：本心は違っても，グループの決めたことに従う	.00	.02	.75	.11	.05	-.02	.03
13：思ったことや自分の考えを素直に言えない	.08	-.06	.69	-.35	-.03	-.01	.08
8：言いたいことが言えない	.02	.04	.57	-.34	-.02	.00	.07
35：自分が思ったとおりに行動できない	.03	.18	.54	-.17	-.05	.07	-.02
86：グループの中では，自分の意見をなるべく言わない	-.08	.21	.53	.04	-.09	.07	.19
57：自分の意見があっても，言わずに我慢する	-.02	.31	.48	.04	-.02	.09	.06
26：我慢することが多い	.04	.16	.46	-.29	-.01	-.01	.03
IV 良好な関係（α = .89）							
19：グループのメンバーで，笑うことが多い	.07	-.04	.05	.73	-.01	.01	.05
24：グループでは，自由に話をすることができる	.09	.00	-.08	.67	-.06	.02	.14
38：自由にふざけたりすることができる	.05	.10	-.05	.66	.05	.02	-.02
31：グループのメンバーは，みんな仲良く話せる	.10	-.05	.05	.65	-.01	-.11	.09
63：グループのメンバーと一緒にいることで楽しく過ごせる	.18	-.05	.03	.60	.11	.01	.03
32：グループのメンバーは遊ぶときにはいつも一緒にいる	.19	.16	.17	.58	.02	-.05	-.14
23：グループのメンバーは趣味や好みが合う	.13	.05	.14	.58	-.10	-.02	.02
54：自分たちの気持ちを気軽に話せる	.26	.04	-.11	.48	.12	-.03	.03
39：グループのメンバーは行事の時に一緒に行動する	.23	.00	.21	.46	.09	.00	-.15
V 居場所の確保（α = .85）							
70：一人の寂しさを感じなくてすむ	-.08	.11	-.04	-.02	.92	.00	.08
46：心細い思いをしなくてすむ	.04	.03	.01	.03	.76	.05	.03
12：一人にならなくてすむ	-.09	.00	.03	-.03	.73	.06	.10
73：一人じゃないと思える	.07	-.01	-.07	.07	.66	.01	.08
VI グループの閉鎖性（α = .83）							

Table 7-2 友人グループ状態尺度因子パターン（プロマックス回転後, N=469）（つづき）

	I	II	III	IV	V	VI	VII
60：自分のグループの人以外とは，あまり交流する機会がない	.00	.10	-.11	.07	.00	.85	-.06
29：他のグループに入っていきづらい	.00	-.09	.07	-.11	.06	.71	.03
10：自分のグループだけで固まって他のグループの人と仲良くできない	.03	.01	.06	-.12	.01	.68	-.09
37：グループから離れると，どこにも行き場がなくなる	.01	-.01	.15	.02	.09	.62	-.03

VII グループへの気遣い（$\alpha = .70$）

	I	II	III	IV	V	VI	VII
84：グループ内の人間関係がこじれるようなことは言わない	.02	-.11	.07	-.03	.14	-.03	.55
83：グループの人にとってよいことを選んで，話す	.04	.05	.24	.09	.03	-.04	.54
20：グループのメンバーを傷つけないように接している	.08	-.17	.15	.03	.10	-.03	.53
77：グループのメンバーにはあまり迷惑をかけないようにしている	.08	.02	.18	-.02	.08	-.06	.45

因子間相関係数		I	II	III	IV	V	VI	VII
	I	—						
	II	-.41	—					
	III	-.24	.55	—				
	IV	.64	-.49	-.42	—			
	V	.45	-.26	-.01	.48	—		
	VI	-.22	.30	.44	-.31	-.02	—	
	VII	.28	-.16	.02	.17	.16	.04	—

子は「お互いに嫌っている人がいる」「表面的には仲が良くても，心の中ではそう思っていない」など，グループ内がうまく行っていない状態を表す内容であり，「グループ内の不和」の因子と命名した。第III因子は「思ったことや自分の考えを素直に言えない」「自分が思ったとおりに行動できない」など，自分の思い通りに行動できず我慢している状態を表す内容であり，「表面的同調」の因子と命名した。第IV因子は「グループのメンバーと一緒にいることで楽しく過ごせる」「グループのメンバーで，笑うことが多い」など，グループ内の良好な関係を表す内容であり，「良好な関係」の因子と命名した。第V因子は「一人の寂しさを感じなくてすむ」「心細い思いをしなくてすむ」など，グループに所属することで独りにならなくてよい状態を

表す内容であり,「居場所の確保」の因子と命名した。第Ⅵ因子は「自分のグループの人以外とは,あまり交流する機会がない」「自分のグループだけで固まって他のグループの人と仲良くできない」など,グループ内で固まって行動する状態を表す内容であり,「グループの閉鎖性」の因子と命名した。第Ⅶ因子は「グループ内の人間関係がこじれるようなことは言わない」「グループの人にとってよいことを選んで,話す」など,グループへの気遣いを表す状態であり,「グループへの気遣い」の因子と命名した。

3. 信頼性の確認

尺度の信頼性の指標としてCronbachのα係数を用い,各下位尺度の内的整合性を検討した。その結果,各下位尺度のα係数は.70―.94と十分な値であり,各下位尺度項目は一貫性の高い項目によって構成されていることが示された(Table 7-2)。

4. 各下位尺度間の関係

各下位尺度間の相関係数の絶対値は.01―.64の範囲にあり,一部の下位尺度間で中程度の相関が見られた。

5. 性差

友人グループの状態における性差について検討した。友人グループ状態尺度の各下位尺度について,性別における平均値の差においてt検定を行った(Table 7-3)。その結果,「グループからのサポート」($t(492) = 8.76$, $p < .01$),「良好な関係」($t(494) = 3.45$, $p < .01$),「グループへの気遣い」($t(502) = 3.67$, $p < .01$)において,女子が男子より有意に得点が高かった。また「グループの不和」($t(498) = 6.12$, $p < .01$),「表面的同調」($t(478.68) = 2.02$, $p < .05$)において,男子が女子より有意に得点が高かった。「居場所の確保」「グループの閉鎖性」について性差は見られなかった。

Table 7-3 各尺度の下位尺度得点の平均と標準偏差と性差のt検定結果

下位尺度	男子	女子	t値	自由度
グループからのサポート	52.80 (9.58)	60.40 (9.68)	8.76**	492
グループ内の不和	33.85 (9.91)	28.73 (8.73)	6.12**	498
表面的同調	25.23 (6.91)	23.85 (8.31)	2.02*	478.68
良好な関係	35.83 (6.08)	37.65 (5.65)	3.45**	494
居場所の確保	14.71 (3.26)	15.18 (3.47)	1.54	500
グループの閉鎖性	9.26 (3.70)	8.94 (3.67)	0.98	499
グループへの気遣い	14.32 (2.55)	15.20 (2.86)	3.67**	502

1) 各セルの値は平均値，( ) は標準偏差
2) *$p<.05$, **$p<.01$
3) 自由度が小数の尺度は Welch-test による

考察

1．因子構造の検討

　第Ⅰ因子の「グループからのサポート」は，項目内容から，服部（2006）のグループ認識尺度の「情緒的支え」に関連していると思われる。また暫定尺度作成時にカテゴリー化した内容からは，「協同的問題解決」と「グループからのサポート」の項目が合わさった内容となっている。友人グループには，グループのメンバーを情緒的にサポートすることで問題を解決していく働きがあることが示唆される。

　第Ⅱ因子の「グループ内の不和」は，服部（2006）のグループ認識尺度の「欺瞞的親密さ」に関連した内容となっていた。また，暫定尺度でカテゴリー化した内容との比較では，「自己中心的な行動」「グループ内の不和」に相

当する内容となっている。友人グループでは，欺瞞的な親密さや，グループのメンバーに迷惑をかける自己中心的な行動など複雑な関係が存在し，グループ内の人間関係がうまくいっていないことがうかがえる。

　第Ⅲ因子の「表面的同調」は，服部（2006）のグループ認識尺度の「自己主張抑制」とグループ内行動尺度の「表面的同調」に関連した内容となっていた。また，暫定尺度のカテゴリー化した内容との関連では，「グループへの我慢」「グループに合わせる」の項目が多く含まれていた。友人グループには，表面的には同調しているが本音で不満を持っていたり，自己主張を抑えたり，我慢して周りに合わせたりする態度が存在することが示唆される。

　第Ⅳ因子の「良好な関係」は，服部（2006）の因子には見られない因子であった。暫定尺度のカテゴリーとの関係においては，「グループの雰囲気」「同調行動」に相当する内容であった。友人グループに所属することで，良好で楽しい友人関係が築けることは，友人グループのメリットとして挙げられる。

　第Ⅴ因子の「居場所の確保」は，服部（2006）のグループ認識尺度の「居場所の確保」とほぼ同じ内容となっていた。暫定尺度のカテゴリーにおいては，「所属感」の内容となっていた。友人グループに所属することは，居場所の確保という重要な要因であることが示唆される。逆に友人グループに所属していない場合は，孤独感を感じることになってしまう可能性も考えられる。

　第Ⅵ因子の「グループの閉鎖性」は，服部（2006）のグループ認識尺度の「グループ間閉鎖性」とほぼ同じ内容となっていた。暫定尺度のカテゴリーとの関係においては，「グループの移動」の内容に相当していた。友人グループには，グループの移動の困難さがあることが示唆される。天野（1985）によれば，特に女子においてグループの移動の困難さを挙げており，グループ間の移動はストレスとなりうることが示唆される。

　第Ⅶ因子の「グループへの気遣い」は，服部（2006）のグループ内行動の

「話題選択の配慮」の内容と類似した内容となっていた。暫定尺度のカテゴリーにおいては，「グループへの気遣い」の内容となっていた。友人グループに対する配慮を行うことで，グループ内の関係がうまく行っていることがうかがえる因子であると言える。

本研究では，第Ⅳ因子の「良好な関係」を除いて，服部（2006）と同じような因子が抽出された。本研究では「良好な関係」はオリジナルな因子であった。井上・伊藤（2007）では，「友人グループへの信頼」の因子が存在しており，良好な関係を築くことはグループへの信頼へとつながると考えられる。その意味で，「良好な関係」の因子が存在することは，妥当な結果であると思われる。

２．性差の検討

「グループからのサポート」「良好な関係」「グループへの気遣い」はグループに対する肯定的な内容を示しており，女子はこれらの肯定的な尺度群において得点が有意に高く，グループへの気遣い，良好な関係を築くことでグループからのサポートを得ていることが示唆された。榎本（1999）は，友人関係において，女子は男子に比べて依存性が強いことを指摘しており，友人グループ内においても同様に依存傾向が強いことを支持する結果となった。一方で「グループの不和」「表面的同調」は，グループに対する否定的な内容を示しており，男子はこれらの否定的な尺度群において得点が有意に高く，男子のグループはグループに対する否定的な状態を持っている可能性があり，群れたがらない傾向があるのではないかと思われる。また，「居場所の確保」に性差が見られなかったが，男女ともにグループに所属することで自分の居場所を確保できると考えていることが示唆される。同様に「グループの閉鎖性」についても性差が見られなかった。三好（2002）によれば，男子に比べ，女子は閉鎖的であるとしていたが，本研究では異なる結果となった。この結果については，一つは男女によって閉鎖性の意味合いが異なることからくるのではないかと考えられる。石田（2002）によれば男子は女子に比べ，複数

のグループに所属していることも多く，グループの移動をする必要性があまりないのではないかと思われる。そのため，他のグループと交流する機会の必要性が薄く，その結果閉鎖的なグループとして捉えているのかもしれない。一方，女子は少人数のグループにおいて閉鎖的な関係を築いており，他のグループとの交流があまり見られないことが考えられる。性差が見られなかったことは，この意味合いの違いによることも考えられる。しかしながら，本研究の尺度ではそこまでは明らかにできなかった。今後さらに，女子のグループは男子のグループに比べて本当に閉鎖的であるのか，検討していく必要があると思われる。

第2節　友人グループが主観的学校ストレッサーとストレス反応に及ぼす影響

目的

友人グループの状態が主観的学校ストレッサーとストレス反応に及ぼす影響について，性差を踏まえて検討する。

方法

1．対象者

友人グループ状態尺度については，第1節で作成された尺度とデータを利用し，新たにこれらの対象者に主観的学校ストレッサー尺度，ストレス反応尺度の2つの尺度を実施し，欠損値のある対象者を除いた。公立高等学校3校全日制普通科・理数科1・2年生448名（男子218名，女子230名）を分析対象とした。

2．実施時期

2009年3月－9月

3．調査測度

第1節で作成された友人グループ状態尺度（60項目），第3章第2節で作成された主観的学校ストレッサー尺度（50項目），第3章第3節で作成されたストレス反応尺度（16項目）を使用した。

4．手続き

調査は対象者の学校において，LHRの時間の一部を使い，各HRで2回に分けて実施した。1回目は友人グループ状態尺度について調査を行い，2回目は主観的学校ストレッサー尺度，ストレス反応尺度について調査を行った。回答は対象者のペースで回答させた。ただし，1回目と2回目の対象者を同定するため，学籍番号を記入させた。最終的な回答時間は，1回目，2回目とも概ね15分程度であった。

結果

1．主観的学校ストレッサー尺度

（1）基礎統計

各項目の平均値は1.19－3.70の範囲にあり，標準偏差は1.80－3.20の範囲であった。各項目得点の合計値を各尺度得点とした。男女別による各下位尺度得点の平均値と標準偏差をTable 7-4に示す。

（2）信頼性の確認

各下位尺度について信頼性係数を算出したところ，.81－.91であった。よって各下位尺度の内的整合性は高く，信頼性は十分であることが確認された。

（3）各下位尺度間の関係

各下位尺度間の相関係数の絶対値は.49－.78の範囲にあり，一部の下位尺度間で中程度の相関から強い相関が見られた。

2．ストレス反応尺度

（1）基礎統計

各項目の平均値は0.56－1.37の範囲にあり，標準偏差は0.92－1.06の範

第7章 高校生の友人グループが主観的学校ストレッサーとストレス反応に及ぼす影響　109

Table 7-4　主観的学校ストレッサー尺度とストレス反応尺度の基礎統計，α係数

	下位尺度	男子				女子			
		N	平均値	標準偏差	α係数	N	平均値	標準偏差	α係数
ストレッサー尺度	自己能力の低さ	267	34.33	25.42	.92	252	42.96	25.24	.90
	人から受ける不利益	272	19.09	17.95	.90	251	20.71	17.71	.87
	有意義な時間の欲求	269	26.59	19.61	.88	247	30.85	17.91	.85
	人からの評価	272	10.90	10.70	.84	252	13.24	11.70	.82
	人とのつきあい方	272	10.81	11.95	.89	252	13.50	13.33	.86
	悪い結果の予想	273	12.37	10.13	.83	253	16.23	10.19	.77
反応尺度 ストレス	抑うつ・不安感情	273	2.90	3.33	.82	254	4.06	3.65	.92
	不機嫌・怒り感情	271	2.99	3.15	.85	253	3.06	3.18	.87
	身体的反応	273	3.00	2.88	.79	253	3.58	3.09	.77
	無気力的認知・思考	273	4.37	3.23	.82	252	4.58	3.03	.78

囲であった。各項目得点の合計値を各尺度得点とした。男女別による各下位尺度得点の平均値と標準偏差を Table 7-4 に示す。

(2) 信頼性

尺度の信頼性の指標として Cronbach のα係数を用い，各因子の内的整合性を検討した。その結果，各因子のα係数は .78－.91 と十分な値であり，各因子は一貫性の高い項目によって構成されていることが示された。

(3) 各下位尺度間の関係

各下位尺度間の相関係数の絶対値は .50－.69 の範囲にあり，中程度の相関が見られた。

3. モデルの検討

(1) モデルの構成

吉原・藤生 (2005) では，友人関係が主観的学校ストレッサー，ストレス反応に及ぼす影響についてのモデルを検討している。本研究も，吉原・藤生 (2005) のモデルにならい，以下のモデルの構成を考え，検討することとした。

最初にストレス反応尺度得点を目的変数，友人グループ状態尺度得点，主

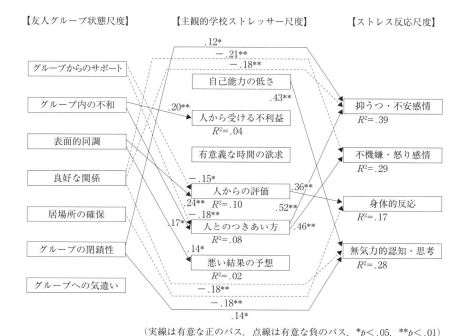

(実線は有意な正のパス，点線は有意な負のパス，*$p<.05$，**$p<.01$)

Figure 7-1 友人グループと主観的学校ストレッサー，ストレス反応との関係（男子）

観的学校ストレッサー尺度得点を説明変数とするステップワイズ法による重回帰分析を行った。次に主観的学校ストレッサー尺度得点を目的変数，友人グループ状態尺度得点を説明変数とするステップワイズ法による重回帰分析を行い，友人グループが学校ストレッサー，ストレス反応に及ぼす影響について検討した。また分析は，友人グループ状態尺度，主観的学校ストレッサー尺度，ストレス反応尺度のいくつかの下位尺度で性差が存在することを考慮し，男女別に行った。その結果，重決定係数（R^2），各要因間の標準回帰係数（β）を表したのが Figure 7-1，Figure 7-2 である。また，性別による相関係数を Table 7-5，Table 7-6 に示す。

第7章　高校生の友人グループが主観的学校ストレッサーとストレス反応に及ぼす影響　111

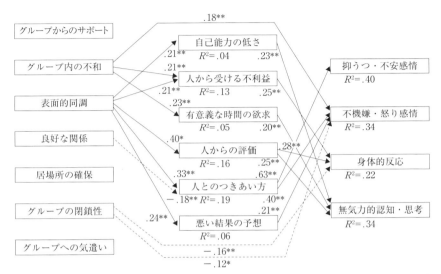

（実線は有意な正のパス，点線は有意な負のパス，*$p<.05$，**$p<.01$）

Figure 7-2　友人グループと主観的学校ストレッサー，ストレス反応との関係（女子）

（2）多重共線性

多重共線性について確認したところそれぞれの説明変数の許容度は.44―1.00，VIF（Variance Information Factor）値は1.00―2.29の範囲にあった。また，有意な相関係数と標準回帰係数の符号が異なる変数もなく，多重共線性の問題は起こっていないと思われる。

（3）モデルの解釈

友人グループ状態の各下位尺度は，下位尺度によってストレスを低減する効果と，ストレスを高める効果の両方が見られた。ストレスを低減する効果が見られたのは，「グループからのサポート」「良好な関係」「居場所の確保」のグループの肯定的な状態を表す内容の下位尺度であった。男子では「グループからのサポート」はストレッサーの「人からの評価」「人とのつきあい

Table 7-5 各下位尺度

		1	2	3	4	5	6	7
1	グループからのサポート	1	−.24**	−.23**	.72**	.43**	−.28**	.40**
2	グループ内の不和		1	.66**	−.31**	−.17**	.39**	−.07
3	表面的同調			1	−.28**	−.05	.54**	.04
4	良好な関係				1	.52**	−.35**	.39**
5	居場所の確保					1	−.06	.40**
6	グループの閉鎖性						1	−.08
7	グループへの気遣い							1
8	自己能力の低さ							
9	人から受ける不利益							
10	有意義な時間の欲求							
11	人からの評価							
12	人とのつきあい方							
13	悪い結果の予想							
14	抑うつ・不安感情							
15	不機嫌・怒り感情							
16	身体的反応							
17	無気力的認知・思考							

Table 7-6 各下位尺度

		1	2	3	4	5	6	7
1	グループからのサポート	1	−.48**	−.37**	.79**	.40**	−.17**	.26**
2	グループ内の不和		1	.50**	−.44**	−.16**	.20**	−.12
3	表面的同調			1	−.40**	−.01	.39**	.24**
4	良好な関係				1	.39**	−.19**	.17**
5	居場所の確保					1	.14*	.24**
6	グループの閉鎖性						1	.11
7	グループへの気遣い							1
8	自己能力の低さ							
9	人から受ける不利益							
10	有意義な時間の欲求							
11	人からの評価							
12	人とのつきあい方							
13	悪い結果の予想							
14	抑うつ・不安感情							
15	不機嫌・怒り感情							
16	身体的反応							
17	無気力的認知・思考							

得点間の相関行列（男子）

8	9	10	11	12	13	14	15	16	17
−.11	−.12	−.06	−.20**	−.23**	−.11	−.28**	−.30**	−.20**	−.24**
.01	.18**	.06	.16*	.22**	.04	.14*	.08	.12	.05
.05	.10	.08	.25**	.16*	.14*	.24**	.14*	.14*	.07
−.06	−.09	−.03	−.18**	−.18**	−.01	−.30**	−.29**	−.26**	−.28**
−.06	−.12	−.07	−.08	−.16*	−.03	−.13	−.17**	−.20**	−.16*
.08	.01	.06	.22**	.15*	.08	.27**	.16*	.10	.21**
.02	.02	.06	−.01	−.05	.03	−.14*	−.16*	−.17**	−.12
1	.67**	.76**	.74**	.73**	.81**	.43**	.39**	.30**	.43**
	1	.72**	.75**	.77**	.69**	.35**	.41**	.34**	.31**
		1	.68**	.66**	.83**	.37**	.33**	.30**	.41**
			1	.81**	.76**	.54**	.46**	.35**	.42**
				1	.70**	.56**	.49**	.34**	.35**
					1	.42**	.35**	.30**	.40**
						1	.62**	.52**	.51**
							1	.69**	.53**
								1	.57**
									1

$*p<.05, **p<.01$

得点間の相関行列（女子）

8	9	10	11	12	13	14	15	16	17
−.03	−.17**	−.15*	−.14*	−.28**	−.04	−.14*	−.25**	−.16*	−.09
.09	.30**	.22**	.22**	.32**	.14*	.26**	.34**	.21**	.19**
.22**	.31**	.22**	.41**	.41**	.25**	.34**	.27**	.15*	.24**
−.07	−.20**	−.15*	−.20**	−.31**	−.08	−.18**	−.18**	−.15*	−.09
−.01	−.06	−.03	.05	−.03	.03	−.08	−.11	−.16*	−.03
−.02	.07	.01	.21**	.20**	.08	.18**	.02	−.09	.08
.02	−.03	−.03	.02	−.03	.09	.04	−.10	−.03	−.02
1	.49**	.66**	.64**	.61**	.74**	.43**	.39**	.37**	.53**
	1	.63**	.53**	.67**	.55**	.37**	.45**	.34**	.35**
		1	.50**	.61**	.78**	.43**	.44**	.27**	.50**
			1	.77**	.57**	.53**	.44**	.39**	.51**
				1	.57**	.61**	.53**	.37**	.46**
					1	.39**	.42**	.29**	.53**
						1	.65**	.47**	.54**
							1	.69**	.61**
								1	.55**
									1

$*p<.05, **p<.01$

方」に,「良好な関係」はストレス反応の「抑うつ・不安感情」「不機嫌・怒り感情」と「無気力的認知・思考」に,「居場所の確保」はストレス反応の「身体的反応」に負の影響を及ぼした。女子では「良好な関係」はストレッサーの「人とのつきあい方」に負の影響を及ぼした。一方で,ストレスを高める効果が見られたのは,男女とも「グループ内の不和」「表面的同調」のグループの否定的な状態を表す内容の下位尺度であった。特に女子では,「グループ内の不和」は「人から受ける不利益」「有意義な時間の欲求」の各ストレッサーとストレス反応の「不機嫌・怒り感情」に影響を与え,「表面的同調」は「自己能力の低さ」「人から受ける不利益」「人からの評価」「人とのつきあい方」「悪い結果の予想」の各ストレッサーに正の影響が見られた。また,「グループの閉鎖性」においては,男子ではストレスを高め,女子ではストレスを低減するという性別による差が見られた。また,「グループへの気遣い」については男女ともストレッサー,ストレス反応への影響は見られなかった。

　モデル全体を見ると,男子は女子に比べ,友人グループの状態尺度からストレス反応への直接的な影響が多く見られた。女子は男子に比べ,友人グループから主観的学校ストレッサーを経由して,ストレス反応に影響を与える間接的な効果が多く見られた。

考察

1.「グループからのサポート」「良好な関係」「居場所の確保」について

　男子では,「グループからのサポート」が「人からの評価」「人とのつきあい方」の各ストレッサーを,「良好な関係」は「抑うつ・不安感情」「不機嫌・怒り感情」「身体的反応」の各ストレス反応を,「居場所の確保」は「身体的反応」のストレス反応を低減することが明らかになった。女子では「良好な関係」において「人とのつきあい方」ストレッサーを低減することが明らかとなった。これらの下位尺度は,グループの肯定的な状態を表す内容の

尺度となっている。井上・伊藤（2007）では，肯定的な友人グループの関係が学校適応の高さを予測しており，本研究においても，肯定的なグループの状態が，ストレスの低減を予測したことは妥当な結果となった。また，友人グループの状態ごとに男女によってストレスへの影響が異なった。特に男子では，肯定的な友人グループの状態は女子に比べて，ストレス低減の影響が大きいと考えられる。石田（2002）によれば，男子は女子に比べ，集団的な遊びを中心として仲間集団が形成されることを指摘している。この集団形成の差から，男子の友人グループは，遊び中心に楽しみを共有できる集団である可能性が高く，そのことがストレス低減につながるものと考えられる。一方，女子はグループ内において閉鎖的で親密な関係を築くために気を使いながらグループを作っていくことから，肯定的なグループ関係を築きながらも，ストレスを低減するほどの影響を与えることは難しいのではないかと考えられる。

今後，このような肯定的なグループ状態になるように働きかけることは，ストレスの低減には重要な要因になることが示唆される。

2．「グループ内の不和」「表面的同調」について

男子では，「グループ内の不和」が「人から受ける不利益」「人とのつきあい方」の各ストレッサーを，「表面的同調」が「人からの評価」「悪い結果の予想」の各ストレッサーを高めることが明らかとなった。女子では，「グループ内の不和」が「人から受ける不利益」「有意義な時間の欲求」の各ストレッサーと「不機嫌・怒り感情」のストレス反応を，「表面的同調」が「自己能力の低さ」「人から受ける不利益」「人からの評価」「人とのつきあい方」「悪い結果の予想」の各ストレッサーを高めることが明らかになった。井上・伊藤（2007）において，否定的な友人グループ関係が学校不適応の高さを予測しており，本研究における学校ストレスへの影響についても同様な結果となり，この先行研究を支持するものとなった。特に女子については，グループ内における関係性の悪さやまとまりのなさ，自己主張できずに，我慢

しながらグループのメンバーに表面的に同調している否定的なグループ関係は，主観的学校ストレッサーを高める可能性が示唆された。女子は閉鎖的で親密な関係を築くため，友人グループ内において関係がうまくいかなくなると修復が難しい。一方で天野（1985）が指摘するようにグループの移動を難しく，我慢しながらグループ内に留まり，ストレスを高めるグループ状態になると思われる。

3．「グループの閉鎖性」について

「グループの閉鎖性」については，男女で異なる影響がみられた。男子は，ストレス反応の「抑うつ・不安感情」，「無気力的認知・思考」に正の影響を与えており，ストレスを高める影響があることが明らかとなった。石田（2002）が指摘するように，男子は，複数のグループに所属すること多く，緩やかなグループ関係を構築しているものと思われる。そのため，男子にとっては，一つのグループの中で固まった行動をすることに対して抵抗があるのではないかと思われる。そのことがストレスを高める要因となっていると考えられる。一方，女子は，「グループの閉鎖性」は，ストレス反応の「不機嫌・怒り感情」と「身体的反応」を低減することが明らかとなった。女子は閉鎖的なグループ関係にある程度満足している可能性が示唆される。グループのまとまりがあることで，ストレス低減に影響を与えているのではないかと思われる。

4．「グループへの気遣い」について

本研究では「グループへの気遣い」については，ストレッサーとストレス反応への影響は見られなかった。「グループへの気遣い」は，ポジティブな要素とネガティブな要素の両方を持ち合わせた概念のように思われる。適度にグループを気遣うことはグループ間の人間関係を良好にしたり，凝集性を高めたりするソーシャルサポートとしての効果があると思われる。一方で，過剰な気遣いは，ストレスになりうる。本研究でのグループへの気遣いは，両方の側面を持つことから，ストレッサーとストレス反応への影響が見られ

なかったのではないかと考えられる。

5．モデル全体から見た検討

　吉原・藤生（2011）では，男子は友人関係のあり方から直接ストレス反応への影響が多く見られ，女子は友人関係のあり方から主観的学校ストレッサーを経由してストレス反応への影響が多く見られた。本研究の友人グループにおいても，同様の結果が得られた。和田（1996）によれば，男子は相手に頼ろうとしないつきあい方をする傾向がある。一方，榎本（1999）によれば，女子は，同じように感じてくれる友人を期待していることを指摘している。そのため，男子は，友人グループに頼ろうとしない傾向から，友人グループにおけるストレスそのもの対して，ストレス反応を導く可能性が考えられる。女子は，同じように感じてくれる友人グループに対して，どのように感じているのかという，主観的な意味づけを行うため，主観的なストレッサーを感じ取ってしまう可能性が考えられる。そして，主観的学校ストレッサーに対してストレス反応を引き起こすのではないかと思われる。

第8章 高校生における入学前の進学動機,学校ストレス,欠席日数が入学後の学校不適応に及ぼす影響

目的

本研究では,ストレスモデルと永作・新井(2005)の自律的進学動機モデルをもとに,高校入学前の自律的高校進学動機,主観的学校ストレッサー,ストレス反応,中学3年時の欠席状況の個人的要因が定時制高校入学後の学校適応・不適応に影響を与えることを想定したモデルを考える。そしてそのモデルから高校入学前の適応状況から高校入学後の中途退学につながる学校適応・不適応を予測する知見を得ることを目的とする。さらに結果を踏まえ,学校移行期の指導・援助について検討する。

方法

1. 対象者

調査対象校は公立定時制高等学校1年生。1学年午前部2クラス規模の単位制による定時制高等学校であり,午後の授業を履修することにより3年で卒業が可能な高等学校である。調査対象者は2008年度入学生68名(男子35名,女子33名),2009年度入学生70名(男子31名,女子39名)の合計138名(男子66名,女子72名,年齢範囲15—19歳,平均15.21歳,標準偏差0.53歳)であった。対象者の属性については,138名のうち中学からストレートに入学してきた生徒は114名,中学校からの情報により中学校3年間のうち各学年で欠席日数が30日以上欠席したことのある生徒の人数は,138名中57名であった。また特別支援学級などに所属していたり,障害の診断を受けていたりするものを含めて中学校の教員が障害を持っていることがうかがえると主観的に判断した生

徒の人数は28名，中学時に問題行動を起こしたことで指導を受けたことのある生徒21名が含まれていた。

2．調査測度および手続き

(1) Time 1

進学動機の測定には，永作・新井（2003）が開発した自律的進学動機尺度（30項目）を使用した。下位尺度は「学校は楽しいから」「高校というものが楽しそうだから」など，学校生活の楽しさや人間関係における満足度といった内容を進学動機とする自己決定性が高い尺度である「統合的・内的調整」（9項目），「普通は学校に行くものだから」「高校には行かなければならないものだから」など，学校へ行くことを義務感や他人からの勧めを進学動機とする自己決定性の低い動機である「外的・取り入れ的調整」（14項目），「自分の学力を上げたいから」「進学のための勉強をしたいと思ったから」など，この2つの下位尺度の中間の自己決定性として位置づけられた「同一化調整」（7項目）であった（Table 8-1）。永作・新井（2003）で信頼性，妥当性は確認されている。回答は5件法（得点範囲：1－5点）で評定を求めた。教示文は以下の通りであった。「あなたが高校に進学した理由について、以下の項目を読んで自分の気持ちに最も近いと思われる数字に○をつけて下さい。あまり考えすぎずに，正直に答えてください。」であった。

主観的学校ストレッサーの測定については，対象者の負担を考慮して，第3章第2節の主観的学校ストレッサー尺度全50項目のうち6つの下位尺度「自己能力の低さ」「人から受ける不利益」「有意義な時間の欲求」「人からの評価」「人とのつきあい方」「悪い結果の予想」から因子負荷量の高い順に4項目ずつ24項目を採用した。吉原・藤生（2001）のデータをもとに各下位尺度のα係数を算出すると次の通りであった（自己能力の低さ：$\alpha = .78$，人から受ける不利益：$\alpha = .68$，有意義な時間の欲求：$\alpha = .73$，人からの評価：$\alpha = .77$，人とのつきあい方：$\alpha = .74$，悪い結果の予想：$\alpha = .73$）。

ストレス反応の測定は第3章第3節のストレス反応尺度を用いた（16項目）。

Table 8-1　自律的進学動機尺度の項目内容

項目番号	項目内容

Ⅰ　外的・取り入れ的調整

17：普通は学校に行くものだから
16：高校にはいかなければならないものだから
32：高校に行かないと恥ずかしいから
25：中卒では嫌だから
8：高校くらい行っておかないといけないから
9：高校に行かないと就職のときに困るから
32：勉強しないと恥ずかしいから
12：先生が行けといったから
11：親や保護者が行けというから
1：みんなが行くから
13：勉強しないと不安になるから
28：自分がいきたいかどうかではなく自分の学力レベルに合わせて選んだ結果そうなったから
19：就職するのが嫌だったから
2：他の学校には学力が足りなかったから

Ⅱ　統合的・内的調整

5：学校は楽しいから
6：高校というものが楽しそうだから
23：校風が良いと思ったから
18：学校が好きだから
24：行事が面白そうだから
21：自分が気に入ったから
30：友達を増やしたいから
20：説明会や情報誌などで調べて良いと思ったから
27：部活動をやりたかったから

Ⅲ　同一化的調整

14：自分の学力を上げたいから
3：進学のための勉強をしたいと思ったから
22：知識を増やしたいと思ったから
31：勉強したほうが得だと思ったから
4：大学や専門学校などの上級学校に進学したいから
7：自分の将来の夢をかなえるため
10：いろいろな資格をとるために必要だから

調査は2008年3月および2009年3月の入学者オリエンテーション時にクラス単位で行われた。また，対象者の出身中学から送られてきた資料より中学3年時の欠席日数を使用した。

(2) Time 2

本研究では，入学後の早い段階で学校不適応になる生徒への対処を考え，入学後の学校不適応の要因の調査時期を入学して2ヶ月後の中間考査で行うこととした。入学後の学校不適応の指標として，直接中途退学につながる可能性の高い指標を用いることとし，学習成績，非行傾向，欠席日数を用いた。学習成績は対象者が共通に受験した中間考査の国語，数学，英語，現代社会，保健の5教科の平均点を用いた。またt検定の結果，年度により有意差がないことが確認された（$t(120)=1.09, n.s.$）。非行傾向の評定は担任2名の評定の合計によって算出した。項目内容はこれまでに「問題行動を起こして指導を受けた生徒」を2，担任が主観的に見て「問題行動を起こす可能性が低い生徒」を0，「そのどちらでもない生徒」を1と評定してもらい，その得点の合計を項目得点とした。担任2名の評定の相関は高い相関が見られた（$r=.96, p<.01$）。欠席日数は中間考査までの欠席日数とした。調査は2008年6月および2009年6月に行われた。

(3) 手続き

高校入学前の情報については，高校合格後，出身中学に対して高校生活がスムースに進められるようにするためアンケートが実施された。情報の活用については，調査対象校の校長の許可を得た上で，必要最小限の情報のみを収集し，個人情報が漏れないように最善の配慮をすること，個人が不利益を被らないように倫理的な配慮，個人情報についての配慮がなされることを示した上で情報が収集された。また，高校入学後の情報については，校長の許可を得て，対象者および保護者の承諾を得た上で，対象校の高校に対して，考査の成績，欠席日数等の情報について，個人情報が漏れないように最善の配慮をすること，個人が不利益を被らないように配慮することを了解してい

ただいた上で情報が収集された。

結果

各尺度は信頼性が確認されたため，主観的学校ストレッサー尺度は先行研究にならい，項目の経験頻度と嫌悪度の素点を掛け合わせた値をその項目の得点（得点範囲：0 − 9点）とし，各項目の合計点を下位尺度得点とした。その他の尺度についても各項目の合計点を下位尺度得点とした。各尺度の人数，平均値，標準偏差，下位尺度の α 係数を Table 8-2 に示した。また，独立変数間の相関は Table 8-3 の通りであった。

年度別による有意差については，t 検定の結果，「同一化調整」の得点で

Table 8-2 各要因の N・平均値・標準偏差・α 係数

			N	Mean	SD	α
入学前要因	進学動機	外的・取り入れ的調整	135	42.66	10.37	.86
		統合的・内的調整	137	30.46	8.42	.87
		同一化的調整	137	19.51	5.69	.84
	主観的学校ストレッサー	自己能力の低さ	136	9.69	9.73	.87
		人から受ける不利益	137	7.21	7.71	.79
		有意義な時間の欲求	135	7.96	8.18	.77
		人からの評価	136	8.94	9.44	.84
		人とのつきあい方	137	6.96	8.36	.88
		悪い結果の予想	137	10.87	9.17	.82
	ストレス反応	抑うつ・不安感情	137	2.16	2.80	.87
		不機嫌・怒り感情	137	2.54	2.80	.82
		身体的反応	137	3.38	3.30	.81
		無気力的認知・思考	136	3.58	3.03	.78
	欠席	欠席中学3年時欠席日数	138	28.28	44.44	
入学後要因		学習成績	122	51.68	21.21	
		非行傾向	138	1.00	1.50	.96
		欠席日数	137	6.45	10.28	

注）非行傾向における α 係数の欄の数値は 2 者の教師評定の相関

Table 8-3 独立

		1	2	3	4	5	6	7
1	外的・取り入れ的調整	1	.53**	.40**	.12	.20*	.21*	.16
2	統合的・内的調整		1	.67**	−.11	.00	.03	−.01
3	同一化的調整			1	.08	.20*	.12	.10
4	自己能力の低さ				1	.69**	.55**	.65**
5	人から受ける不利益					1	.67**	.58**
6	有意義な時間の欲求						1	.42**
7	人からの評価							1
8	人とのつきあい							
9	悪い結果の予想							
10	抑うつ・不安感情							
11	不機嫌・怒り感情							
12	身体的反応							
13	無気力的認知・思考							
14	中学3年時欠席日数							

2009年度が有意に高く（$t=2.15$, $p<.05$），「非行傾向」の得点で2008年度が有意に高かった（$t=3.54$, $p<.01$）。その他の要因について有意差はなかった。ほとんどの要因で有意差が見られなかったことから，本研究では2年分のデータをまとめて処理することとした。

1．相関分析の結果

最初に入学前の要因と入学後の適応状況について相関関係を検討した（Table 8-4）。その結果，「学習成績」と負の相関があったのは「外的・取り入れ的調整」，「不機嫌・怒り感情」，「無気力的認知・思考」であり（$r=-.24$, $p<.01$；$r=-.22$, $p<.01$；$r=-.18$, $p<.05$），「外的・取り入れ的調整」，「不機嫌・怒り感情」では弱い相関が見られた。また正の弱い相関があったのは「中学3年時の欠席日数」であった（$r=.28$, $p<.01$）。「非行傾向」は「不機嫌・怒り感情」と正の相関があり（$r=.15$, $p<.05$），「人からの評価」ストレッサー，「悪い結果の予想」ストレッサー，「中学3年時の欠席日数」と負の相関が見られた（$r=-.20$, $p<.05$；$r=-.15$, $p<.05$；$r=-.23$,

変数間の相関行列

8	9	10	11	12	13	14
.15	.17	.07	.09	.07	.11	-.20*
-.02	-.02	-.11	-.14	-.03	-.15	-.05
.06	.12	.10	-.03	.13	-.05	.09
.70**	.80**	.54**	.34**	.33**	.50**	.09
.61**	.69**	.40**	.38**	.44**	.44**	.07
.48**	.56**	.25**	.40**	.39**	.40**	-.01
.73**	.69**	.52**	.39**	.31**	.46**	.08
1	.70**	.56**	.56**	.39**	.56**	.01
	1	.43**	.39**	.32**	.51**	.06
		1	.47**	.50**	.57**	.04
			1	.56**	.64**	-.08
				1	.61**	.08
					1	.09
						1

$*p < .05$, $**p < .01$

$p < .01$)。そのうち「人からの評価」ストレッサーと「中学3年時の欠席日数」は弱い相関であった。「欠席日数」は「不機嫌・怒り感情」と正の弱い相関があり（$r = .22$, $p < .01$），「中学3年時の欠席日数」と正の相関があった（$r = .19$, $p < .05$）。また「統合的・内的調整」と負の弱い相関があった（$r = -.26$, $p < .01$）。この結果，定時制高校入学前の進学動機，主観的学校ストレッサー，ストレス反応，中学3年時の欠席状況と入学後の学校不適応の状況との間には弱いながら有意な相関があることが示された。

2．重回帰分析の結果

次に入学前の要因を説明変数，入学後の適応状況を目的変数としてステップワイズ法による重回帰分析を行った。その結果得られた重決定係数（R^2），各要因の標準偏回帰係数（β），およびt値をまとめたものが Table 8-5 - Table 8-7 である。重決定係数はすべての要因で有意な値を示していた。なお多重共線性について確認したところそれぞれの説明変数の許容度は.64 -.98，VIF（Variance Information Factor）値は1.02-1.60であった。また各

Table 8-4　進学動機，ストレッサー，ストレス反応と入学後の適応との相関

	下位尺度	学習成績 $N=118$	非行傾向 $N=132$	欠席日数 $N=132$
進学動機	外的・取り入れ的調整	−.24**	.04	−.13
	統合的・内的調整	−.08	−.02	−.26**
	同一化的調整	.10	−.12	−.09
ストレッサー	自己能力の低さ	.10	−.11	−.11
	人から受ける不利益	.01	.05	.06
	有意義な時間の欲求	−.10	.12	.06
	人からの評価	.07	−.20*	−.09
	人とのつきあい方	−.06	−.11	−.01
	悪い結果の予想	.06	−.15*	−.05
ストレス反応	抑うつ・不安感情	−.11	.05	.01
	不機嫌・怒り感情	−.22**	.15*	.22**
	身体的反応	−.02	.09	.12
	無気力的認知・思考	−.18*	−.03	.10
欠席	中学3年時欠席日数	.28**	−.23**	.19*

*$p<.05$, **$p<.01$

要因の標準偏回帰係数より，「中学3年時の欠席日数」と「自己能力の低さ」ストレッサーは「学習成績」へ正の影響を及ぼし（$\beta=.21$, $p<.05$；$\beta=.19$, $p<.05$），「外的・取り入れ的調整」と「不機嫌・怒り感情」は負の影響を及ぼしていた（$\beta=-.21$, $p<.05$；$\beta=-.25$, $p<.01$）。「非行傾向」に正の影響を及ぼしたのは，「不機嫌・怒り感情」と「人から受ける不利益」ストレッサーであり（$\beta=.21$, $p<.05$；$\beta=.21$, $p<.05$），負の影響を及ぼしたのは「中学3年時の欠席日数」と「人からの評価」ストレッサーであった（$\beta=-.19$, $p<.05$；$\beta=-.38$, $p<.01$）。「欠席日数」に正の影響を及ぼしたのは「中学3年時の欠席日数」と「不機嫌・怒り感情」であり（$\beta=.23$, $p<.01$；$\beta=.28$, $p<.01$），負の影響を及ぼしたのは「統合的・内的調整」と「自己能力の低さ」ストレッサーであった（$\beta=-.24$, $p<.01$；$\beta=-.26$, $p<.01$）。高校入学前のその他の要因については，高校入学後の学業成績，非行傾向，

Table 8-5 学習成績を目的変数とした重回帰分析結果

STEP	変数名	r	β	累積 R^2	t 値
1	中学3年時欠席日数	.28	.21	.08	2.46*
2	外的・取り入れ的調整	−.24	−.21	.12	−2.45*
3	不機嫌・怒り感情	−.22	−.25	.16	−2.76**
4	自己能力の低さ	.10	.19	.19	2.08*

$*p<.05,\ **p<.01$

Table 8-6 非行傾向を目的変数とした重回帰分析結果

STEP	変数名	r	β	累積 R^2	t 値
1	中学3年時欠席日数	−.23	−.19	.05	−2.35*
2	人からの評価	−.20	−.38	.08	−3.69**
3	不機嫌・怒り感情	.15	.21	.13	2.32*
4	人から受ける不利益	.05	.21	.16	2.07*

$*p<.05,\ **p<.01$

Table 8-7 欠席日数を目的変数とした重回帰分析結果

STEP	変数名	r	β	累積 R^2	t 値
1	統合的・内的調整	−.26	−.24	.07	−3.01**
2	中学3年時欠席日数	.19	.23	.10	2.85**
3	不機嫌・怒り感情	.22	.28	.14	3.31**
4	自己能力の低さ	−.11	−.26	.20	−3.05**

$*p<.05,\ **p<.01$

欠席日数に有意な影響を与えなかった。

考察

本研究では定時制高校を対象者としており,また対象者の数も限定されていることから,結果の解釈が限定的にならざるを得ないことは否定できない。

しかしながら中学から高校への移行期における調査の困難性を考えると貴重な示唆が得られると考え考察を行う。また，本来ならば目的変数ごとに考察を行うべきであるが，本研究は説明変数が，学校不適応にどのように影響を与えるかを主目的としているため，説明変数ごとに考察を進める。

1. 自律的高校進学動機の学校不適応への影響

本研究において定時制高校では，外的・取り入れ的調整の進学動機は学習成績が低いことを予測し，不適応を予測する要因となることが明らかとなった。永作・新井（2005）では自律性が低い外的・取り入れ的調整は入学後の学校不適応感を予測しており同様の結果となった。永作・新井（2005）によれば，外的・取り入れ的調整とは外的な圧力や報酬，もしくは不安や恥からの回避によって動機づけられた進学動機であると指摘しており，そのような動機づけの生徒は，勉強をやらされているという意識を持ち，低い学習意欲から学習成績の低下という結果に反映されることが示唆された。

また，統合的・内的調整の進学動機が高い生徒は高校入学後の欠席日数が少ないことを予測し，統合的・内的調整は適応的な要因であることが明らかとなった。永作・新井（2005）では，自律性が高い統合的・内的調整は学校適応感の高さおよび学校不適応感の低さを予測しており，同様の結果となった。永作・新井（2005）では，統合的・内的調整を高く持って進学した生徒は「学校生活を楽しい」と感じており，「学校生活における人間関係にも満足している」生徒であると指摘していることから，そのような生徒は学校を休むことが少ないことが示唆された。

2. ストレス要因の学校不適応への影響

定時制高校入学前に主観的学校ストレッサーの自己能力の低さストレッサーを高く評価した生徒は，入学後の学習成績が高く，欠席日数が少ないことを予測し，適応的な要因であることが明らかになった。自己能力の低さストレッサーは，自己に対する自信のなさや自分の能力のなさを感じる内容であり，その経験頻度と嫌悪度を測る尺度となっている。金城・前原（1997）で

は中学校におけるストレッサーは中学校入学以前のストレッサーを引き継いでいる可能性を示唆しており，本研究でも同様に高校入学前のストレッサーが入学後の学校不適応を予測すると考えられたが異なる結果となった。小学校から中学校への移行について，新潟県教育委員会（2007）は，学校移行期における自己有用感の喪失が学校不適応の原因になり得ることを指摘している。この指摘から，反対に自己有用感の回復が学校適応の要因になりうることが予想される。つまり本研究における高校入学前の自己能力の低さストレッサーが高い生徒は，定時制高校入学をきっかけとして，学習成績の向上や欠席日数の減少につながるのではないかと考えられる。そのきっかけの一つとして，高校入試の影響が考えられる。小学校から中学校へは学区制が取られており，小学校における環境がそのまま中学においても継続される場合が考えられる。しかし高校へは入試によって環境が大きく変わる可能性が高い。入試による輪切りで，同じ程度の学力の生徒が集まり，友人関係も新しく構築しなければならない。その過程の中で，中学時に自己能力の低さにストレスを感じている生徒が，新しい環境でストレスを低減して行っているのではないかと思われる。さらに，高口・柿内・大谷・太田（2008）によれば，定時制高校の役割として低学力者の救済機関，不登校生徒の受け入れの場としての役割が非常に大きいことを指摘している。このことから定時制高校は，低学力者や不登校の生徒にとって新しい環境でやり直すことのできる場であるといえる。高校の対応も生徒の状況を踏まえて高校における授業も丁寧な指導を心がけ，またテスト内容も生徒の実態にそったものになっていることが予想される。

　以上から，高校入学前の自己能力の低さに対するストレッサーが高い生徒は，定時制高校の入学を機に自己能力の低さストレッサーは改善されることで学習成績の向上や出席日数の増加という適応的な行動を予測したと考えられる。本研究の結果は，定時制高校特有のものかもしれない。全日制の高校についても今後調査を行って明らかにしていくことが必要である。

入学前の自己評価で人からの評価ストレッサーを高く評定した生徒は，入学後の教師評定による非行傾向が低いことを予測し，適応的な要因であることが明らかになった。学校ストレッサーは学校不適応を高める要因になりうると思われたが異なる結果となった。吉原・藤生（2001）によれば，人からの評価ストレッサーは，人から悪い評価をされていると感じることがストレスになる項目である。非行のような問題行動を起こすことは，当然人からの評価・評判が悪くなる。人からの評価ストレッサーが高い生徒は，そのような評価をされることには抵抗があると思われる。そのため，人からの評価のストレッサーが高い生徒ほど，非行のような問題行動を起さないように行動することになるのではないかと考えられる。

　入学前の自己評価で人から受ける不利益ストレッサーを高く評定した生徒は，入学後の教師評定による非行傾向が高いことを予測し，不適応を高める要因であることが明らかになった。吉原・藤生（2001）によれば，人から受ける不利益ストレッサーは，人から自分に対して不利になるような行為をされることにストレスを感じる内容であり，そのことは周りへの不満につながることが予想される。その結果，非行傾向のある問題行動につながり非行傾向が強くなるのではないかと考えられる。

　ストレス反応の不機嫌・怒り感情は，入学後の学習成績が低く，非行傾向が高く，欠席日数が多いことを予測し，不適応を高める要因であることが明らかとなった。松尾・佐藤（2003）は，不機嫌・怒り反応を高く評価した大学生は学校享受感が低くなることを見いだしている。また嶋田（1998）は，ストレス反応と学校不適応感との関連が強いことを指摘しており，本研究における定時制高校入学前と入学後の関連において，ストレス反応の不機嫌・怒り感情は学校不適応を予測する要因となり先行研究を支持する結果となった。入学前から不機嫌・怒り感情のストレス反応を持つ生徒は，入学後もストレス反応を維持し続け，怒りの感情が入学後の学習成績の低下，非行傾向の増加，欠席日数の増加へと発展していく可能性が示唆される。不機嫌・怒

り感情は学校移行期における環境の変化により変化する反応かと思われたが，高校入学における環境の変化においても変化しにくいストレス反応なのかもしれない。入学前にこれらの要因が高い生徒は，入学後の非行傾向が強くなる可能性が高いため，早期に指導を行っていく必要があることが予想される。

3．中学3年時の欠席日数の学校不適応への影響

　中学3年時に欠席日数が多い生徒は，高校入学後の欠席日数が多いことを予測した。金子（2001）では中学時に不登校の生徒は高校に入学した後も継続して不登校になることを指摘しており，本研究における結果も先行研究を支持する結果となった。高口ら（2008）が指摘するように定時制高校の役割の一つとして不登校の受け入れの場という役割があり，そのため不登校を経験した生徒が多く入学する。小泉（1995）によると学校移行期には生徒は期待と不安を持ち，期待と不安は入学後の学校適応に影響していることを指摘している。中学3年時に欠席日数が多い生徒は期待より不安が大きく，その結果，高校入学後も継続的に欠席日数が多く，学校不適応になる生徒が多いことが示唆される。

　中学3年時に欠席日数が多い生徒は，高校入学後の教師評定による非行傾向が低いことを予測した。中学3年時に欠席日数が多い生徒は，まじめな生徒が多く非行などの問題行動を起こしにくいのではないかと思われる。一方で中学3年時に欠席日数が多い生徒は，本研究の結果から高校入学後も欠席日数が多くなり，学校にいることが少なく，学校で非行などの問題行動を起こすことは少ないことが予想される。そのため教師評定で非行傾向の得点が低くなったのではないかと考えられる。

　中学3年時に欠席日数が多い生徒は，高校入学後の学習成績を高く予測したのは，中学3年時に欠席日数が多い生徒は，まじめな生徒が多く学習面においてもこつこつと努力する生徒多いと思われる。一方で中学3年時に欠席日数が多い生徒は，高校入学後も欠席日数が多くなることが予測されており，学力の低い生徒は試験を受けていない可能性も考えられる。

中学3年時の欠席日数が多い生徒は，入学後の欠席日数が多くなる傾向が強いことに関しては不適応の要因となる。一方で学習成績の向上や非行に関する問題行動の低下など適応的な要因となった。これらの生徒は欠席せずに学校に登校すれば適応的な行動を取ることが示唆された。

4．学校適応のための指導・援助

本研究では高校入学前の要因をもとに高校入学後の学校適応・不適応を予測することができた。また，入学前の時期に調査することによって早期の介入計画に役立てられると思われる。特に入学直後に学校不適応を起こす生徒に対しても適切な対応を取ることができる可能性が高い。具体的な介入方法として，三浦（2006）ではメンタルヘルスチェックリストをもとに，担任教師の働きかけによって，ストレスの低減，不登校予防についての実践を行っている。本研究においても得られた知見により入学直後の早い段階での介入に活用できるものと考える。

進学動機については，自律的な進学動機を持つ生徒の学校適応のよさと自律的でない進学動機をもつ生徒の学校不適応の高さが示された。高校入学前の段階で自律的な進学動機を持つように指導を行う必要性が感じられるが，これらの指導は中学の教師が行うことになる。しかし，はたして定時制高校を希望するすべての生徒に自律的に進学する意識を指導できるのかいう疑問も感じられる。永作・新井（2005）によれば，高校の進学に対して，「何のために進学するのか」といった部分が欠けている動機づけのない生徒が多くいることを指摘している。定時制高校においては，さらにその割合は高くなると思われる。また入学試験による輪切りで多くの生徒が不本意に入学してくることも考えられる。高校における指導・援助としては，入学後に自律的な学校生活を送れようにどう援助を行うかが大切になってくると思われる。そのためには，統合的・内的調整では，「学校が楽しいから」など自分の価値観と一致していると認知しているものであることから，入学後に学校が楽しいと感じることができるような働きかけが必要になってくることが考えら

れる。

　主観的学校ストレッサーについては，自己能力の低さストレッサーが，学校適応のよさを予測したが，二木（2007）によれば，ストレッサーは快ストレッサーと不快ストレッサーの両方の役割を持つことから，自己能力の低さストレッサーは快ストレッサーとなるように働きかけることが必要であると考えられる。定時制高校への入学は低学力の生徒や不登校の生徒にとって，学習面で自信をつけさせる絶好の機会になりうると思われる。学習面で配慮することで，学習成績の向上につながるとともに，不登校の生徒は学校生活に自信を持ち欠席日数の減少につながると考えられる。

　また人からの評価ストレッサーは，非行に関係する問題行動の起こしにくさに限っては適応的な要因となった。しかし，吉原・藤生（2005）では人からの評価ストレッサーはストレス反応との関連が強いことが明らかにしている。さらに嶋田（1998）は，ストレス反応が学校不適応感との関連が深いことを明らかにしており，このことから，今回調査しなかった学校不適応に至る別の要因と関連していることが予想される。そのため，一般的には，人からの評価ストレッサーを下げるような働きかけを行うことが必要であると考えられる。具体的な働きかけとして，主観的な学校ストレッサーは認知に関係するストレッサーのため，認知の改善を図ることでストレスを低減できるのではないかと予想される。

　人から受ける不利益ストレッサーは非行傾向が高いことを予測したが，人によって自分が不利益を被って嫌悪的に感じる内容であり，対人関係において注意を要するストレッサーであると言える。

　ストレス反応の不機嫌・怒り感情においてはすべての要因で学校不適応の高さを予測した。特に非行傾向とのつながりが示唆されており，非行に関する問題行動が多発すると，学校運営にとっては多大な影響を与えかねない可能性が高く，注意深く行動観察を行い早期の段階での指導を行っていく必要があると言える。どのような要因が怒りを感じる原因になっているのか探る

とともに，怒りを和らげるアンガーマネジメントの必要性があるのかもしれない。また，学習成績の低下や欠席日数の増加が予測され，学習指導や学校を欠席しないように生活指導を行い中途退学につながらないように支援を図ることの必要性が強く感じられる。

　中学3年時の欠席日数は，入学後の欠席日数の多さを予測して不適応の要因となったが，一方で学習成績や非行傾向においては適応のよさが示された。中学時代不登校であった生徒は，高校入学後も不登校になる可能性が高いことが示され，欠席に対する対処の必要性が高いと思われる。高校入学後の欠席状況を克服できれば，学習成績や非行傾向には問題が少ないことから，学校に適応できる可能性が高いと言える。中学時の不登校の要因を探り，学校を欠席しないように対処することが大切なのではないかと考えられる。

第9章　主観的学校ストレッサー尺度の妥当性の検討

第1節　経験頻度×嫌悪度，経験頻度，嫌悪度における因子構造の比較

目的

　主観的学校ストレッサー尺度における経験頻度と嫌悪度の得点を掛け合わせた得点から得られた因子構造と，経験頻度，嫌悪度のそれぞれの得点から得られた因子構造を比較検討する。

方法

1．対象者

　公立高校全日制普通科3校1，2年597名（1年男子133名，1年女子203名，2年男子131名，2年女子130名）。

2．実施時期

　2001年1月下旬―2月上旬

3．調査測度

　第3章第2節で作成された主観的学校ストレッサー尺度（50項目）を使用した。

4．分析方法

　経験頻度及び嫌悪度の結果に対して，経験頻度×嫌悪度による因子構造をターゲットとして，最尤法，バリマックス回転による因子分析を適用することによって経験頻度×嫌悪度と経験頻度，嫌悪度との因子構造の相違を検討した。

結果

経験頻度による因子分析の結果，嫌悪度による因子分析の結果をTable 9-1，Table 9-2に示す。また因子の比較のため，ターゲットパターンとして経験頻度×嫌悪度の因子の項目内容と，回転後の経験頻度及び嫌悪度に対応する因子に含まれる項目番号を，因子負荷量を基準としてTable 9-3に示した。

「自己能力の低さ」では，経験頻度による回答では，12項目が完全に一致し，項目9が加わり，嫌悪度による回答では，11項目が一致し，項目60が欠け，項目62が加わった。「人から受ける不利益」では，経験頻度による回答では，10項目が完全に一致し，項目23，52，54，49，13が加わり，嫌悪度による回答では，10項目が完全に一致し，項目52，65，54，47が加わった。「有意義な時間の欲求」では，経験頻度による回答では，8項目が一致し，項目9，13が欠け，項目32，37，41，12が加わり，嫌悪度による回答では，10項目が完全に一致し，項目60，32，37が加わった。「人からの評価」では，経験頻度による回答では，3項目が一致し，項目63，65が加わり，項目57，58，12が欠け，嫌悪度による回答では，3項目が一致し，項目57，58，12が欠けた。「人とのつきあい方」では，経験頻度による回答では，項目47しか一致せず，項目62，46が加わり，項目63，49，54，65，23，52が欠け，嫌悪度による回答では，3項目が一致し，項目47，54，65，52が欠けた。「悪い結果の予想」では，経験頻度による回答では，一致した項目はなく，項目57，58の2項目のみの因子となり，嫌悪度による回答では，2項目が一致し，項目57，12，58が加わり，項目32，62，37が欠けた。

考察

「自己能力の低さ」「人から受ける不利益」「有意義な時間の欲求」においては，経験頻度，嫌悪度ともターゲットとほとんど一致している。欠けている項目も少なく，加わった項目を含めて因子を解釈すると，従来の因子と同

第 9 章 主観的学校ストレッサー尺度の妥当性の検討

Table 9-1 経験頻度による主観的学校ストレッサーの因子分析結果（バリマックス回転後）

項目内容	因子負荷量						共通性
	I	II	III	IV	V	VI	
［因子 I ］							
d14： 自分の未熟さを感じるとき	.68	.08	.12	.04	－.07	.05	.44
d31： 情けないと感じるとき	.61	.17	.12	.10	.12	.08	.46
d67： 自信がなくなったと感じるとき	.53	.08	.16	.10	.41	－.01	.49
d35： 人に迷惑をかけていると感じるとき	.50	.13	.07	.19	.04	.07	.35
d29： 相手に伝えたいことがうまく伝えられないと感じるとき	.50	.23	.11	.05	.12	.22	.42
d30： 大事なことがうまくいかないと感じるとき	.48	.27	.30	.10	.09	－.03	.43
d4： 自分の中で許せないことがあったのに何もできなかったと感じるとき	.47	.27	－.07	.07	－.08	.22	.33
d26： 人より劣っていると感じるとき	.47	.09	.14	.24	.13	.04	.35
d53： 自分の技術が上達しないと感じるとき	.47	.12	.17	.13	.13	.02	.36
d66： 悔しいと感じるとき	.46	.08	.14	.14	.42	－.13	.45
d60： やる気が起きないと感じるとき	.40	－.02	.28	.04	.23	.11	.35
d33： 自分だけが取り残されているのではないかと感じるとき	.40	.17	.21	.33	.14	.06	.39
d9： 自分が満足していないと感じるとき	.32	.19	.30	.03	.13	.06	.29
［因子 II］							
d15： 自分の意見を聞いてもらえず相手の意見を押しつけられたと感じるとき	.16	.61	.13	.08	－.02	.05	.41
d36： 人がきれい事を並べて自分を正当化していると感じるとき	.11	.53	.09	.03	.08	.03	.34
d45： 自分の長所を人に否定されたと感じるとき	.03	.52	.10	.33	.16	－.04	.43
d59： 自分が気に入らない事を人がしていると感じるとき	.13	.50	.03	.13	.27	.10	.39
d43： 自分に不利益な事を人から受けていると感じるとき	.04	.49	.20	.28	.20	－.02	.42
d40： 自分ではどうしようもないことで人に怒られたと感じるとき	.12	.46	.23	.20	.05	－.02	.40
d16： 自分が悪くないのに怒られたと感じるとき	.09	.46	.22	.20	－.05	.05	.34
d2： 人が責任をとっていないと感じるとき	.30	.44	.02	.01	－.04	.03	.31

Table 9-1 経験頻度による主観的学校ストレッサーの因子分析結果（バリマックス回転後）（つづき）

項目内容		I	II	III	IV	V	VI	共通性
d44:	人が自分のペースを乱していると感じるとき	.06	.44	.14	.22	.18	.02	.36
d23:	人と一緒にいてつまらないと感じるとき	.04	.41	.19	.05	.13	.27	.32
d52:	話を聞いてもらえないと感じるとき	.20	.40	.05	.34	.22	.12	.44
d54:	自分を認めてもらえないと感じるとき	.34	.37	.08	.33	.29	.05	.51
d49:	わかってもらえる相手がいないと感じるとき	.23	.33	.14	.26	.23	.17	.43
d55:	やってはいけないことを人がやっていると感じるとき	.28	.33	-.02	.18	-.01	.05	.32
d13:	いつも同じでおもしろくないと感じるとき	.09	.30	.27	-.10	.12	.16	.28

［因子III］

項目内容		I	II	III	IV	V	VI	共通性
d38:	自分の使える時間が減らされたと感じるとき	.08	.22	.54	.11	.11	-.11	.40
d20:	やりたいことがやれないと感じるとき	.18	.19	.54	.02	.01	.05	.37
d24:	遊び足りないと感じるとき	.08	.02	.50	-.01	.13	-.02	.34
d28:	時間が足りないと感じるとき	.34	-.01	.46	.02	.12	.00	.34
d48:	自分が望まない時間が長くなったと感じるとき	.07	.26	.42	.13	.22	-.01	.37
d11:	やりたくないことをやらされていると感じるとき	.06	.36	.41	.09	-.13	.03	.32
d17:	約束や決まりを守らなければならないと感じるとき	-.02	.09	.41	.01	.03	.16	.20
d8:	やるべき事が間に合わないと感じるとき	.35	-.03	.39	.15	-.03	.05	.35
d32:	結果が悪そうだと感じるとき	.31	.10	.37	.17	.19	-.03	.37
d37:	難しすぎて自分の能力を超えていると感じるとき	.22	.08	.34	.13	.14	.10	.28
d41:	人前で恥をかきたくないと感じるとき	.21	.13	.32	.26	.22	.25	.44
d12:	目立ちたくないと感じるとき	.04	.08	.27	.21	-.09	.22	.24

［因子IV］

項目内容		I	II	III	IV	V	VI	共通性
d56:	人に嫌われていると感じるとき	.18	.17	.07	.72	.15	.17	.59

Table 9-1 経験頻度による主観的学校ストレッサーの因子分析結果（バリマックス回転後）（つづき）

項目内容		因子負荷量						共通性
		I	II	III	IV	V	VI	
d21:	人が自分の悪口を言っていると感じるとき	.15	.27	.13	.67	-.03	.06	.52
d5:	自分の容姿に対して人に何か言われるのではないかと感じるとき	.14	.17	.08	.48	.04	.10	.33
d63:	人とうまくやっていけないと感じるとき	.26	.26	.10	.40	.31	.24	.47
d65:	信じていたのに裏切られたと感じるとき	.22	.35	-.04	.40	.22	-.09	.40
[因子V]								
d47:	人の考えと自分の考えが違うと感じるとき	.08	.17	.19	.06	.44	.15	.32
d62:	自分の思い通りに物事が進まないと感じるとき	.18	.26	.23	.16	.41	.06	.38
d46:	失敗したくないと感じるとき	.21	.12	.33	.16	.33	.14	.43
[因子VI]								
d57:	人にどう話しかけたらいいか迷いを感じるとき	.25	.06	.08	.34	.14	.61	.47
d58:	自分がどう行動していいか分からないと感じるとき	.34	.11	.11	.37	.18	.44	.50
	固有値	11.86	2.69	2.37	1.83	1.52	1.45	
	因子寄与率（%）	23.71	5.37	4.74	3.65	3.03	2.91	
	累積寄与率（%）	23.71	29.09	33.83	37.48	40.51	43.41	

様の解釈が可能であり，ターゲットの妥当性は高いと言える。「人からの評価」においては，経験頻度では，半数の項目が欠けて，加わった項目を含めると因子の解釈が困難であった。嫌悪度では，半数の項目が欠けたが，残った項目でターゲットの因子と同じ解釈は可能であると思われる。「人とのつきあい方」においては，経験頻度では，1項目しか一致が見られず解釈が困難であった。嫌悪度では，半数以上の項目が欠けたが，残った3項目でターゲットの因子と同じ解釈が可能であると思われる。「悪い結果の予想」にお

Table 9-2 嫌悪度による主観的学校ストレッサーの因子分析結果（バリマックス回転後）

項目内容		因子負荷量						共通性
		I	II	III	IV	V	VI	
[因子I]								
e36:	人がきれい事を並べて自分を正当化していると感じるとき	.59	.12	.12	.08	.10	-.01	.39
e45:	自分の長所を人に否定されたと感じるとき	.58	.15	.02	.05	-.03	.30	.44
e43:	自分に不利益な事を人から受けていると感じるとき	.58	.11	.14	.08	.11	.09	.41
e15:	自分の意見を聞いてもらえず相手の意見を押しつけられたと感じるとき	.57	.12	.17	.06	.16	.09	.44
e44:	人が自分のペースを乱していると感じるとき	.57	.14	.11	.04	.13	.06	.38
e59:	自分が気に入らない事を人がしていると感じるとき	.56	.12	.13	.21	.21	-.02	.44
e40:	自分ではどうしようもないことで人に怒られたと感じるとき	.51	.12	.27	.06	-.04	.23	.41
e55:	やってはいけないことを人がやっていると感じるとき	.48	.09	.03	.24	-.03	.01	.34
e2:	人が責任をとっていないと感じるとき	.48	.15	.04	.08	.06	-.07	.29
e52:	話を聞いてもらえないと感じるとき	.47	.28	.04	.13	.32	.26	.52
e16:	自分が悪くないのに怒られたと感じるとき	.47	.05	.23	.05	.02	.24	.36
e65:	信じていたのに裏切られたと感じるとき	.45	.29	.06	-.02	.24	.29	.43
e54:	自分を認めてもらえないと感じるとき	.44	.42	.06	.10	.29	.25	.56
e47:	人の考えと自分の考えが違うと感じるとき	.37	.22	.18	.22	.21	-.11	.38
[因子II]								
e31:	情けないと感じるとき	.16	.70	.13	.14	.04	.04	.52
e14:	自分の未熟さを感じるとき	.10	.60	.16	.04	.04	.06	.43
e67:	自信がなくなったと感じるとき	.06	.58	.20	.12	.25	.07	.49
e66:	悔しいと感じるとき	.17	.52	.21	.06	.05	.01	.44
e30:	大事なことがうまくいかないと感じるとき	.21	.52	.31	.13	-.04	.04	.46
e53:	自分の技術が上達しないと感じるとき	.12	.50	.22	.17	.08	.10	.42

Table 9-2 嫌悪度による主観的学校ストレッサーの因子分析結果（バリマックス回転後）（つづき）

項目内容		Ⅰ	Ⅱ	Ⅲ	Ⅳ	Ⅴ	Ⅵ	共通性
e33:	自分だけが取り残されているのではないかと感じるとき	.17	.49	.21	.23	.13	.20	.48
e35:	人に迷惑をかけていると感じるとき	.21	.49	.20	.09	-.02	.17	.39
e26:	人より劣っていると感じるとき	-.02	.49	.24	.32	.03	.06	.43
e4:	自分の中で許せないことがあったのに何もできなかったと感じるとき	.26	.42	.07	.08	.18	.10	.34
e29:	相手に伝えたいことがうまく伝えられないと感じるとき	.31	.42	.05	.24	.05	.03	.41
e62:	自分の思い通りに物事が進まないと感じるとき	.34	.34	.31	.19	.25	-.11	.47
[因子Ⅲ]								
e38:	自分の使える時間が減らされたと感じるとき	.25	.09	.60	-.04	-.07	.15	.45
e24:	遊び足りないと感じるとき	-.06	.06	.56	-.13	.12	.10	.34
e20:	やりたいことがやれないと感じるとき	.09	.20	.54	.13	.12	-.09	.39
e11:	やりたくないことをやらされていると感じるとき	.30	.04	.50	.06	.17	.07	.44
e8:	やるべき事が間に合わないと感じるとき	.04	.23	.48	.11	-.01	-.04	.36
e60:	やる気が起きないと感じるとき	.05	.19	.45	.19	.14	.05	.33
e9:	自分が満足していないと感じるとき	.16	.26	.43	.00	.35	.00	.42
e28:	時間が足りないと感じるとき	.05	.25	.41	.14	-.05	-.11	.35
e48:	自分が望まない時間が長くなったと感じるとき	.21	.17	.41	.09	.06	.13	.31
e32:	結果が悪そうだと感じるとき	.15	.26	.40	.30	-.09	-.01	.37
e37:	難しすぎて自分の能力を超えていると感じるとき	.12	.23	.34	.17	-.08	.06	.26
e13:	いつも同じでおもしろくないと感じるとき	.20	.00	.33	.02	.32	.00	.32
e17:	約束や決まりを守らなければならないと感じるとき	.17	.18	.20	.16	-.14	-.09	.18
[因子Ⅳ]								
e41:	人前で恥をかきたくないと感じるとき	.15	.23	.15	.58	.02	.01	.43
e57:	人にどう話しかけたらいいか迷いを感じるとき	.19	.23	-.03	.57	.21	.11	.48

Table 9-2 嫌悪度による主観的学校ストレッサーの因子分析結果（バリマックス回転後）（つづき）

項目内容	因子負荷量						共通性
	I	II	III	IV	V	VI	
e12: 目立ちたくないと感じるとき	.09	.04	.09	.50	.10	.20	.34
e46: 失敗したくないと感じるとき	.12	.31	.25	.42	-.04	-.03	.40
e58: 自分がどう行動していいか分からないと感じるとき	.24	.40	.07	.40	.15	.16	.50
[因子V]							
e63: 人とうまくやっていけないと感じるとき	.34	.28	.05	.30	.53	.21	.57
e23: 人と一緒にいてつまらないと感じるとき	.38	.01	.12	.15	.48	.06	.40
e49: わかってもらえる相手がいないと感じるとき	.39	.27	.06	.13	.46	.18	.50
[因子VI]							
e21: 人が自分の悪口を言っていると感じるとき	.34	.22	.04	.23	.07	.55	.52
e56: 人に嫌われていると感じるとき	.26	.30	.01	.35	.28	.51	.57
e5: 自分の容姿に対して人に何か言われるのではないかと感じるとき	.14	.20	.10	.32	.11	.35	.34
固有値	12.85	3.12	2.40	1.61	1.59	1.41	
因子寄与率（%）	25.71	6.24	4.81	3.22	3.18	2.81	
累積寄与率（%）	25.71	31.95	36.75	39.97	43.15	45.96	

いては，経験頻度では，一致した項目が見られず，従来と同じ解釈は不可能である。嫌悪度では，2項目しか一致が見られなかったが，新たに加わった3項目を含めた因子はターゲットと同じ解釈が可能であると思われる。

ターゲットの因子構造と経験頻度の因子構造では，第1因子から第3因子までは同じ因子であると考えられる。しかし，第4因子から第6因子までは，項目内容の一致がほとんど見られず因子の違いがうかがえる。一方，ターゲットの因子構造と嫌悪度の因子構造では，項目内容に若干の違いが見られるが，第1因子から第6因子まで同じ因子と捉えることができると思われる。工藤・藤生（2009）では，ストレッサー尺度の一つであるネガティブライフ

第9章　主観的学校ストレッサー尺度の妥当性の検討　143

Table 9-3　バリマックス回転後の因子の比較（主観的学校ストレッサー）

No.	項目内容	ターゲットパターン（経験頻度×嫌悪度）負荷量		経験頻度 No.	負荷量		嫌悪度 No.	負荷量
Ⅰ	自己能力の低さ	(12項目)		(13項目)			(12項目)	
31	情けないと感じるとき	.71	*	14	.68	*	31	.70
14	自分の未熟さを感じるとき	.69	*	31	.61	*	14	.60
67	自信がなくなったと感じるとき	.57	*	67	.53	*	67	.58
26	人より劣っていると感じるとき	.55	*	35	.50	*	66	.52
35	人に迷惑をかけていると感じるとき	.55	*	29	.50	*	30	.52
30	大事なことがうまくいかないと感じるとき	.52	*	30	.48	*	53	.50
53	自分の技術が上達しないと感じるとき	.52	*	4	.47	*	33	.49
66	悔しいと感じるとき	.49	*	26	.47	*	35	.49
4	自分の中で許せないことがあったのに何もできなかったと感じるとき	.49	*	53	.47	*	26	.49
33	自分だけが取り残されているのではないかと感じるとき	.47	*	66	.46	*	4	.42
29	相手に伝えたいことがうまく伝えられないと感じるとき	.43	*	60	.40	*	29	.42
60	やる気が起きないと感じるとき	.39	*	33	.40		62	.34
				9	.32			
Ⅱ	人から受ける不利益	(10項目)		(15項目)			(14項目)	
36	人がきれい事を並べて自分を正当化していると感じるとき	.58	*	15	.61	*	36	.59
15	自分の意見を聞いてもらえず相手の意見を押しつけられたと感じるとき	.55	*	36	.53	*	45	.58
2	人が責任をとっていないと感じるとき	.54	*	45	.52	*	43	.58
43	自分に不利益な事を人から受けていると感じるとき	.54	*	59	.50	*	15	.57
59	自分が気に入らない事を人がしていると感じるとき	.53	*	43	.49	*	44	.57
45	自分の長所を人に否定されたと感じるとき	.51	*	40	.46	*	59	.56
40	自分ではどうしようもないことで人に怒られたと感じるとき	.50	*	16	.46	*	40	.51
55	やってはいけないことを人がやっていると感じるとき	.48	*	2	.44	*	55	.48
44	人が自分のペースを乱していると感じるとき	.45	*	44	.44	*	2	.48
16	自分が悪くないのに怒られたと感じるとき	.45		23	.41		52	.47
				52	.40	*	16	.47
				54	.37		65	.45
				49	.33		54	.44
			*	55	.33		47	.37
				13	.30			

Table 9-3 バリマックス回転後の因子の比較（主観的学校ストレッサー）（つづき）

No. 項目内容	ターゲットパターン（経験頻度×嫌悪度）負荷量		経験頻度 No. 負荷量		嫌悪度 No. 負荷量	
Ⅲ 有意義な時間の欲求	（10項目）		（12項目）		（13項目）	
38：自分の使える時間が減らされたと感じるとき	.66	＊	38	.54	＊ 38	.60
24：遊び足りないと感じるとき	.60	＊	20	.54	＊ 24	.56
20：やりたいことがやれないと感じるとき	.57	＊	24	.50	＊ 20	.54
11：やりたくないことをやらされていると感じるとき	.53	＊	28	.46	＊ 11	.50
48：自分が望まない時間が長くなったと感じるとき	.50	＊	48	.42	＊ 8	.48
28：時間が足りないと感じるとき	.44	＊	11	.41	60	.45
8：やるべき事が間に合わないと感じるとき	.37	＊	17	.41	＊ 9	.43
9：自分が満足していないと感じるとき	.37	＊	8	.39	＊ 28	.41
17：約束や決まりを守らなければならないと感じるとき	.35		32	.37	＊ 48	.41
13：いつも同じでおもしろくないと感じるとき	.34		37	.34	32	.40
			41	.32	37	.34
			12	.27	＊ 13	.33
					＊ 17	.20
Ⅳ 人からの評価	（6項目）		（5項目）		（3項目）	
56：人に嫌われていると感じるとき	.68	＊	56	.72	＊ 21	.55
21：人が自分の悪口を言っていると感じるとき	.61	＊	21	.67	＊ 56	.51
5：自分の容姿に対して人に何か言われるのではないかと感じるとき	.56	＊	5	.48	＊ 5	.35
57：人にどう話しかけたらいいか迷いを感じるとき	.51		63	.40		
58：自分がどう行動していいか分からないと感じるとき	.45		65	.40		
12：目立ちたくないと感じるとき	.39					
Ⅴ 人とのつきあい方	（7項目）		（3項目）		（3項目）	
63：人とうまくやっていけないと感じるとき	.53	＊	47	.44	＊ 63	.53
49：わかってもらえる相手がいないと感じるとき	.53		62	.41	＊ 23	.48
47：人の考えと自分の考えが違うと感じるとき	.46		46	.33	＊ 49	.46
54：自分を認めてもらえないと感じるとき	.42					
65：信じていたのに裏切られたと感じるとき	.42					
23：人と一緒にいてつまらないと感じるとき	.41					
52：話を聞いてもらえないと感じるとき	.38					
Ⅵ 悪い結果の予想	（5項目）		（2項目）		（5項目）	
46：失敗したくないと感じるとき	.55		57	.61	＊ 41	.58
41：人前で恥をかきたくないと感じるとき	.44		58	.44	57	.57
32：結果が悪そうだと感じるとき	.43				12	.50
62：自分の思い通りに物事が進まないと感じるとき	.40				＊ 46	.42
37：難しすぎて自分の能力を超えていると感じるとき	.29				58	.40

注）項目は負荷量の順である。また，＊はターゲットの項目と一致することを示す。

イベント尺度を，項目ごとに嫌悪度×経験頻度を値として用いているが，因子構造は嫌悪度の因子構造を採用している。この点からも，ターゲットの因子構造は，経験頻度の因子構造よりも嫌悪度の因子構造に類似した因子構造を持っていると考えることが妥当であると言える。しかしながら，いくら嫌悪度が高くとも，経験頻度が0と評定された生徒は，その項目をストレッサーと感じることはないことから，経験頻度×嫌悪度の指標を採用することが最も妥当であると思われる。

今後は，岡安ら（1993b）でも行っているように，主観的学校ストレッサーにおいても，経験頻度×嫌悪度，経験頻度，嫌悪度の3つの指標について，ストレス反応との関係から，説明力の強弱を検討することで，経験頻度×嫌悪度の指標を用いる妥当性を高めていくことも必要であると考える。

第2節　主観的学校ストレッサーの内容的妥当性の検討

目的
主観的学校ストレッサーの内容的妥当性を検討する。

方法

1．対象者

心理学系の大学院修士課程及び博士課程を修了した研究者10名。

2．調査時期

2010年11月中旬

3．調査測度と手続き

第3章第2節で作成された主観的学校ストレッサー尺度で採用された50項目について回答を求めた。

最初に，各項目について，どの項目内容が「ストレッサー」，「ストレス反応」，「思考」に相当するのか一番適するものを一つ選んで，回答欄に丸をつ

けてもらう方式で回答を得ることとした。なお，それぞれの定義は以下のものとした。

【ストレッサー】　個人が経験している刺激であり，その個人がネガティブであると評価したもの

【ストレス反応】　ストレッサーによって個人に生起した心身のネガティブな反応

【思考】　感覚や表象の内容を概念化し，判断し，推理する心の働きや機能

次に，各項目について「〜と感じるとき」という表現があると分類が難しいという回答者の指摘を受けて，各項目から「〜と感じるとき」という表現を除いた項目内容に変更して，同様の回答を求めた。

結果

各項目におけるストレッサー，ストレス反応，思考の選択数の結果をTable 9-4，Table 9-5に示す。

主観的学校ストレッサー尺度について，各項目をストレッサーと捉えた割合は61.2%であり，最頻値の項目は50項目中38項目であった。ストレス反応と捉えた割合は11.0%であり，最頻値は4項目（うち1項目は思考と同じ頻度）であった。思考と捉えた割合は27.8%であり，最頻値は14項目であった。ストレス反応と判断された項目は，すべて，「自己能力の低さ」の項目であった。また思考と判断された項目の多くは，「自己能力の低さ」「人からの評価」「悪い結果の予想」の項目であった。

主観的学校ストレッサーの各項目から「〜と感じるとき」という表現を除いた表現に改めた尺度について，ストレッサーと捉えた割合は45.8%であり，最頻値の項目は26項目であった。ストレス反応と捉えた割合は12.4%であり，最頻値は4項目であった。思考と捉えた割合は41.8%であり，最頻値は21項目であった。

第9章 主観的学校ストレッサー尺度の妥当性の検討　147

Table 9-4　主観的学校ストレッサー尺度の内容的妥当性

項目内容	ストレッサー	ストレス反応	思考
31：情けないと感じるとき	2	5	3
14：自分の未熟さを感じるとき	2	3	5
67：自信がなくなったと感じるとき	2	4	4
26：人より劣っていると感じるとき	2	3	5
35：人に迷惑をかけていると感じるとき	3	1	6
30：大事なことがうまくいかないと感じるとき	6		4
53：自分の技術が上達しないと感じるとき	5		5
66：悔しいと感じるとき	2	6	2
4：自分の中で許せないことがあったのに何もできなかったと感じるとき	6		4
33：自分だけが取り残されているのではないかと感じるとき	5	1	4
29：相手に伝えたいことがうまく伝えられないと感じるとき	8	1	1
60：やる気が起きないと感じるとき	2	7	1
36：人がきれい事を並べて自分を正当化していると感じるとき	6		4
15：自分の意見を聞いてもらえず相手の意見を押しつけられたと感じるとき	8		2
2：人が責任をとっていないと感じるとき	7		3
43：自分に不利益な事を人から受けていると感じるとき	9	1	
59：自分が気に入らない事を人がしていると感じるとき	10		
45：自分の長所を人に否定されたと感じるとき	9		1
40：自分ではどうしようもないことで人に怒られたと感じるとき	10		
55：やってはいけないことを人がやっていると感じるとき	9	1	
44：人が自分のペースを乱していると感じるとき	10		
16：自分が悪くないのに怒られたと感じるとき	9		1
38：自分の使える時間が減らされたと感じるとき	10		
24：遊び足りないと感じるとき	6	1	3
20：やりたいことがやれないと感じるとき	8	1	1
11：やりたくないことをやらされていると感じるとき	10		
48：自分が望まない時間が長くなったと感じるとき	10		
28：時間が足りないと感じるとき	9		1
8：やるべき事が間に合わないと感じるとき	8		2
9：自分が満足していないと感じるとき	4	3	3
17：約束や決まりを守らなければならないと感じるとき	8		2
13：いつも同じでおもしろくないと感じるとき	4	2	4
56：人に嫌われていると感じるとき	4	1	5
21：人が自分の悪口を言っていると感じるとき	5		5

Table 9-4 主観的学校ストレッサー尺度の内容的妥当性 (つづき)

項目内容	ストレッサー	ストレス反応	思考
5：自分の容姿に対して人に何か言われるのではないかと感じるとき	4		<u>6</u>
57：人にどう話しかけたらいいか迷いを感じるとき	<u>7</u>		3
58：自分がどう行動していいか分からないと感じるとき	<u>6</u>	2	2
12：目立ちたくないと感じるとき	3	2	<u>5</u>
63：人とうまくやっていけないと感じるとき	<u>4</u>	2	<u>4</u>
49：わかってもらえる相手がいないと感じるとき	<u>5</u>	1	4
47：人の考えと自分の考えが違うと感じるとき	<u>6</u>		4
54：自分を認めてもらえないと感じるとき	<u>6</u>	1	3
65：信じていたのに裏切られたと感じるとき	<u>7</u>	1	2
23：人と一緒にいてつまらないと感じるとき	<u>5</u>	3	2
52：話を聞いてもらえないと感じるとき	<u>8</u>		2
46：失敗したくないと感じるとき	4	1	<u>5</u>
41：人前で恥をかきたくないと感じるとき	4	1	<u>5</u>
32：結果が悪そうだと感じるとき	<u>5</u>		<u>5</u>
62：自分の思い通りに物事が進まないと感じるとき	<u>7</u>		3
37：難しすぎて自分の能力を超えていると感じるとき	<u>7</u>		3
合計	306	55	139
平均	61.2	11	27.8
最大値の項目数	38	4	14

注) 下線は最大値

考察

　心理学の研究者による主観的学校ストレッサーのストレッサーとしての認知は約6割となっており，内容的妥当性が高いとは言えない。しかし，ストレッサーと思考を合わせた割合は約9割となっており，主観的学校ストレッサーは，ストレッサーと思考を含んだ尺度と捉えた場合は内容的妥当性が高いと言える。心理学の研究者の意見から，主観的学校ストレッサーはストレッサーと思考の区別がつきにくい項目が多いことも指摘されており，ストレッサーと思考を合わせた尺度として捉えた方が妥当であると考えられる。

　また，ストレス反応と判断された項目は，すべて「自己能力の低さ」の項目であったが，自分に対する内省を取り扱っているため，自己に対するネガ

Table 9-5 改訂版主観的学校ストレッサー尺度の内容的妥当性

項目内容	ストレッサー	ストレス反応	思考
31：情けない		6	4
14：自分が未熟である			10
67：自信がなくなった		7	3
26：人より劣っている		1	9
35：人に迷惑をかけている	2		8
30：大事なことがうまくいかない	6	1	3
53：自分の技術が上達しない	6		4
66：悔しい		9	1
4：自分の中で許せないことがあったのに何もできなかった	4	1	5
33：自分だけが取り残されているのではないか	1	1	8
29：相手に伝えたいことがうまく伝えられない	6	1	3
60：やる気が起きない		10	1
36：人がきれい事を並べて自分を正当化している	4		6
15：自分の意見を聞いてもらえず相手の意見を押しつけられた	7		3
2：人が責任をとっていない	4	1	5
43：自分に不利益な事を人から受けている	8	1	1
59：自分が気に入らない事を人がしている	7		3
45：自分の長所を人に否定された	8		2
40：自分ではどうしようもないことで人に怒られた	8		2
55：やってはいけないことを人がやっている	6		4
44：人が自分のペースを乱している	8		2
16：自分が悪くないのに怒られた	8		2
38：自分の使える時間が減らされた	9		1
24：遊び足りない	5	2	3
20：やりたいことがやれない	9	1	1
11：やりたくないことをやらされている	10		
48：自分が望まない時間が長くなった	9		1
28：時間が足りない	8	1	1
8：やるべき事が間に合わない	10		2
9：自分が満足していない	2	1	7
17：約束や決まりを守らなければならない	6		4
13：いつも同じでおもしろくない	3	1	6
56：人に嫌われている	3	1	6
21：人が自分の悪口を言っている	8		2
5：自分の容姿に対して人に何か言われるのではないか	1		9
57：人にどう話しかけたらいいか迷う	4	2	4
58：自分がどう行動していいか分からない	4	3	3
12：目立ちたくない		3	7

Table 9-5 改訂版主観的学校ストレッサー尺度の内容的妥当性（つづき）

項目内容	ストレッサー	ストレス反応	思考
63：人とうまくやっていけない	3	1	**6**
49：わかってもらえる相手がいない	5	1	**4**
47：人の考えと自分の考えが違う	4		**6**
54：自分を認めてもらえない	3	1	**6**
65：信じていたのに裏切られた	**8**		2
23：人と一緒にいてつまらない	2	3	**5**
52：話を聞いてもらえない	**8**	2	2
46：失敗したくない	1		**9**
41：人前で恥をかきたくない	1		**9**
32：結果が悪そうだ		1	**9**
62：自分の思い通りに物事が進まない	**7**		3
37：難しすぎて自分の能力を超えている	3	1	**6**
合計	229	62	209
平均	45.8	12.4	41.8
最大値の項目数	26	4	21

注）下線は最大値

ティブな刺激をストレス反応として捉えてしまい，混在してしまったと思われる。思考と判断された項目の多くは，「自己能力の低さ」「人からの評価」「悪い結果の予想」の項目であったが，自己への内省は思考を必要とし，人からどのように評価されていることは思考することが必要であり，結果を予想することも思考を必要とすることになるから，他の下位尺度より思考の項目を多く含むことになったのではないかと思われる。

「～と感じるとき」という表現を除いた表現に改めた場合，ストレス反応と認知した割合はあまり変化がなかったが，思考と捉えた割合がさらに高くなっており，ストレッサーと思考の類似性が明らかになっている。

以上より，主観的学校ストレッサーはストレッサーと思考を合わせた尺度と考えることができ，今後，純粋なストレッサー尺度を作成するには，ストレス反応，思考の項目を除いて再構成することが必要であると思われる。

第3節　主観的学校ストレッサー尺度の因子構造の再検討

目的

　第2節で明らかとなった内容的妥当性をもとに，主観的学校ストレッサーの因子構造について再検討を行う。

方法

1．対象者

　公立高校全日制普通科3校1，2年483名（1年男子104名，1年女子174名，2年男子105名，2年女子100名）。第5章第2節で用いられたデータを再分析した。

2．調査測度と手続き

　調査測度は，第3章第2節で作成された主観的学校ストレッサー尺度で採用された50項目を用いた。

　最初に，第2節の調査でストレス反応であると単独で認められた3項目を除いた，47項目について因子分析を行った。従来の尺度では因子解釈の容易さから直交回転（バリマックス回転），最尤法による因子分析を行ったが，各因子間の相関が高いことから，斜交回転（プロマックス回転），最尤法を採用することとした。

　次に，予備調査でストレス反応，思考であると単独で認められた12項目を除いた38項目について，同様に，斜交回転（プロマックス回転），最尤法による因子分析を行った。

結果

1．ストレス反応項目を除いた項目による尺度の因子構造

　ストレス反応項目を除いた47項目について，因子分析の結果，従来の主観

Table 9-6 ストレス反応項目を除いた主観的学校ストレッサーの因子分析結果（プロマックス回転後）

項目番号	項目内容	I	II	III	IV	V	VI
I	自己能力の低さ （α = .84）						
14	自分の未熟さを感じるとき	.79	.01	.04	－.09	－.02	－.14
4	自分の中で許せないことがあったのに何もできなかったと感じるとき	.59	.16	－.12	.09	－.01	－.16
35	人に迷惑をかけていると感じるとき	.58	.08	.01	－.11	.12	－.04
26	人より劣っていると感じるとき	.56	－.08	－.02	－.01	.06	.14
53	自分の技術が上達しないと感じるとき	.54	.02	.09	.01	－.07	.09
30	大事なことがうまくいかないと感じるとき	.50	.07	.23	－.07	－.02	.10
67	自信がなくなったと感じるとき	.49	－.13	.05	.24	－.02	.08
29	相手に伝えたいことがうまく伝えられないと感じるとき	.45	.19	－.11	.12	－.01	.01
33	自分だけが取り残されているのではないかと感じるとき	.39	－.09	.04	.09	.20	.16
II	人から受ける不利益 （α = .82）						
2	人が責任をとっていないと感じるとき	.17	.66	－.13	－.10	－.08	.01
55	やってはいけないことを人がやっていると感じるとき	.17	.65	－.21	－.20	－.03	.12
36	人がきれい事を並べて自分を正当化していると感じるとき	.07	.61	.00	.09	－.10	－.06
59	自分が気に入らない事を人がしていると感じるとき	－.09	.52	－.01	.17	－.05	.18
15	自分の意見を聞いてもらえず相手の意見を押しつけられたと感じるとき	.00	.51	.10	.13	－.01	－.05
43	自分に不利益な事を人から受けていると感じるとき	－.13	.49	.08	.18	.05	.05
40	自分ではどうしようもないことで人に怒られたと感じるとき	.04	.43	.28	－.12	.15	－.05
45	自分の長所を人に否定されたと感じるとき	－.13	.42	.06	.18	.17	－.06
44	人が自分のペースを乱していると感じるとき	－.07	.40	.03	.23	－.03	.08
III	有意義な時間の欲求 （α = .77）						
38	自分の使える時間が減らされたと感じるとき	－.07	.09	.85	－.14	.05	.06
24	遊び足りないと感じるとき	.05	－.21	.64	.14	－.07	－.11
48	自分が望まない時間が長くなったと感じるとき	－.07	－.01	.57	.02	.12	.09
20	やりたいことがやれないと感じるとき	.17	－.07	.49	.09	－.11	.06
11	やりたくないことをやらされていると感じるとき	－.04	.25	.48	.02	－.03	－.02
28	時間が足りないと感じるとき	.24	－.06	.39	－.01	－.17	.22

Table 9-6 ストレス反応項目を除いた主観的学校ストレッサーの因子分析結果（プロマックス回転後）（つづき）

項目番号	項目内容	I	II	III	IV	V	VI
IV	人とのつきあい方（α = .83）						
49	わかってもらえる相手がいないと感じるとき	.14	-.04	.06	.73	-.05	-.16
63	人とうまくやっていけないと感じるとき	.12	-.06	-.08	.66	.04	.08
47	人の考えと自分の考えが違うと感じるとき	-.20	.04	.00	.57	-.09	.31
23	人と一緒にいてつまらないと感じるとき	-.08	.14	.03	.53	-.10	.01
52	話を聞いてもらえないと感じるとき	.05	.16	.03	.42	.15	-.05
65	信じていたのに裏切られたと感じるとき	.05	.13	.04	.41	.22	-.14
54	自分を認めてもらえないと感じるとき	.28	.18	-.06	.39	.05	.00
V	人からの評価（α = .77）						
21	人が自分の悪口を言っていると感じるとき	-.01	.07	-.01	-.10	.79	.00
56	人に嫌われていると感じるとき	.09	-.15	-.04	.10	.75	.04
5	自分の容姿に対して人に何か言われるのではないかと感じるとき	.03	-.04	-.03	-.04	.62	.13
VI	悪い結果の予想（α = .69）						
46	失敗したくないと感じるとき	-.04	.11	-.02	-.02	.02	.73
41	人前で恥をかきたくないと感じるとき	.01	-.02	-.07	.08	.12	.60
32	結果が悪そうだと感じるとき	.17	.04	.17	-.12	.05	.40
	因子間相関係数 I	—					
	II	.42	—				
	III	.45	.44	—			
	IV	.55	.61	.43	—		
	V	.52	.49	.27	.64	—	
	VI	.54	.35	.45	.41	.43	—

的学校ストレッサーが6因子であることを踏まえ，固有値の減衰状況，解釈の容易さを考慮し，6因子構造を採用するのが妥当であると判断した．引き続き，各因子に不適切な内容の項目，因子負荷量が.35未満の項目，複数の因子に対する負荷量の差が.10未満の項目を削除しながら，同様の因子分析を繰り返した結果，最終的に6因子38項目（説明率51.50％）が主観的学校ストレッサー（ストレス反応項目を除く）として抽出された（Table 9-6）．

各因子を構成する項目数は，従来の主観的学校ストレッサー尺度に比べ減少したが，すべて同じ因子で構成されていた。また，従来の尺度とは第Ⅳ因子と第Ⅴ因子の順序が逆転していた。この結果から，第Ⅰ因子は「自己能力の低さ」，第Ⅱ因子は「人から受ける不利益」，第Ⅲ因子は「有意義な時間の欲求」，第Ⅳ因子は「人とのつきあい方」，第Ⅴ因子は「人からの評価」，第Ⅵ因子は「悪い結果の予想」と従来の因子名と同じ因子名がつけられた。

2．ストレス反応・思考項目を除いた項目による尺度の因子構造

　ストレス反応項目，思考項目を除いた38項目について，因子分析の結果，従来の6因子を採用するには項目数が少ない因子が出てきて適当ではないため，3因子から5因子を仮定して，固有値の減衰状況，解釈の容易さを考慮し，さらに因子分析をした結果，4因子構造を採用するのが妥当であると判断した。引き続き，各因子に不適切な内容の項目，因子負荷量が.35未満の項目，複数の因子に対する負荷量の差が.10未満の項目を削除しながら，同様の因子分析を繰り返した結果，最終的に4因子28項目（説明率46.85％）が主観的学校ストレッサー（ストレス反応項目・思考項目を除く）として抽出された（Table 9-7）。

　第Ⅰ因子は，「57：人にどう話しかけたらいいか迷いを感じるとき」の項目以外，従来の「人とのつきあい方」因子の項目から構成されている。項目57も「人とのつきあい方」に関する項目として捉えることもできるため，項目57を含め，「人とのつきあい方」と命名した。第Ⅱ因子，第Ⅲ因子は，従来の「人から受ける不利益」「有意義な時間の欲求」の因子とすべての項目がそれぞれ一致していることから，「人から受ける不利益」「有意義な時間の欲求」と命名した。第Ⅳ因子は，従来の「悪い結果の予想」，「自己能力の低さ」，「有意義な時間の欲求」の因子が混ざっており，従来にない新しい因子であると思われる。自分がうまくできずに結果がうまくいかない内容の項目を含んでいることから，「望ましくない結果」と命名した。

Table 9-7 ストレス反応・思考項目を除いた主観的学校ストレッサーの因子分析結果（プロマックス回転後）

項目番号	項目内容	I	II	III	IV
I 人とのつきあい方（α = .83）					
63：人とうまくやっていけないと感じるとき		.80	-.10	-.12	.14
49：わかってもらえる相手がいないと感じるとき		.74	-.09	.08	-.05
54：自分を認めてもらえないと感じるとき		.55	.17	-.09	.16
52：話を聞いてもらえないと感じるとき		.54	.14	-.01	.04
65：信じていたのに裏切られたと感じるとき		.54	.12	.07	-.09
57：人にどう話しかけたらいいか迷いを感じるとき		.52	-.03	-.19	.25
47：人の考えと自分の考えが違うと感じるとき		.48	.04	.06	.01
23：人と一緒にいてつまらないと感じるとき		.48	.08	.14	-.20
II 人から受ける不利益（α = .82）					
55：やってはいけないことを人がやっていると感じるとき		-.14	.70	-.26	.18
2：人が責任をとっていないと感じるとき		-.07	.67	-.16	.11
59：自分が気に入らない事を人がしていると感じるとき		.11	.57	-.03	.04
36：人がきれい事を並べて自分を正当化していると感じるとき		.07	.56	.04	-.07
15：自分の意見を聞いてもらえず相手の意見を押しつけられたと感じるとき		.11	.50	.15	-.12
43：自分に不利益な事を人から受けていると感じるとき		.14	.49	.11	-.06
40：自分ではどうしようもないことで人に怒られたと感じるとき		-.04	.43	.25	.07
44：人が自分のペースを乱していると感じるとき		.19	.41	.04	-.03
45：自分の長所を人に否定されたと感じるとき		.26	.41	.05	-.12
III 有意義な時間の欲求（α = .76）					
24：遊び足りないと感じるとき		.06	-.29	.68	.06
38：自分の使える時間が減らされたと感じるとき		-.19	.09	.68	.16
48：自分が望まない時間が長くなったと感じるとき		.04	-.01	.53	.14
11：やりたくないことをやらされていると感じるとき		-.07	.22	.50	.06
20：やりたいことがやれないと感じるとき		.06	-.12	.49	.24
13：いつも同じでおもしろくないと感じるとき		.19	.06	.39	-.14
IV 望ましくない結果（α = .71）					
32：結果が悪そうだと感じるとき		-.01	.10	.08	.51
8：やるべき事が間に合わないと感じるとき		-.07	-.04	.16	.51
37：難しすぎて自分の能力を超えていると感じるとき		-.02	.03	.10	.49
53：自分の技術が上達しないと感じるとき		.21	.01	.02	.46
30：大事なことがうまくいかないと感じるとき		.12	.06	.18	.45

因子間相関係数　I　—

II　.65　—

Table 9-7 ストレス反応・思考項目を除いた主観的学校ストレッサーの因子分析結果（プロマックス回転後）（つづき）

項目番号	項目内容		I	II	III	IV
		III	.47	.50	—	
		IV	.38	.33	.39	—

考察

1. 主観的学校ストレッサー尺度とストレス反応項目を除いた項目による尺度との因子構造の比較

　第2節でストレス反応と判断された項目を除いて作成された尺度は，各因子の項目数自体は減ったが，従来の主観的学校ストレッサーの因子構造と同じ構造であることが明らかとなった。ストレッサーと思考を含む尺度としては，妥当性があるのではないかと思われる。

　しかし，この尺度はストレッサーと思考の両方を捉えた尺度となっている。そのため，主観的学校ストレッサーと呼ぶには違和感があると思われる。ストレッサーは嫌悪刺激を認知したものであり，思考は認知の一つであることから，主観的学校ストレッサーを改めて「個人が経験している学校ストレッサーに対して浮かんでくる嫌悪的刺激や思考」と定義し直し，学校ストレッサー認知尺度と命名した方が妥当ではないかと考えられる。

　今後は，学校ストレッサー認知に対して主観的学校ストレッサーと比較しながら，信頼性や妥当性をさらに高めるとともに，他の要因との関連についても検討していくことが必要であると思われる。

2. 主観的学校ストレッサー尺度とストレス反応・思考項目を除いた項目による尺度との因子構造の比較

　ストレス反応・思考の項目を取り除くことでストレッサーと判断された項目だけで構成されており，純粋な主観的学校ストレッサーと呼ぶことができる。そこで，この尺度を改訂版主観的学校ストレッサー尺度と命名すること

とする。この尺度と従来の尺度と異なる点は，因子構造が6因子から4因子に減少したこと，「自己能力の低さ」，「人からの評価」，「悪い結果の予想」の3つの因子が抽出されず，「望ましくない結果」という新しい因子が抽出されたことが挙げられる。一方で，従来からの因子である「人とのつきあい方」，「人から受ける不利益」，「有意義な時間の欲求」の因子はこれまで通り抽出された点から，これらの因子は主観的学校ストレッサーを構成する主要な因子であると言える。

第4節　主観的学校ストレッサー尺度の併存的妥当性の検討

目的

日常場面における学校ストレッサー尺度と主観的学校ストレッサー尺度，第3節で作成された学校ストレッサー認知尺度，改訂版主観的学校ストレッサー尺度との相関係数を比較し，併存的妥当性について検討する。

方法

1．対象者

公立高校全日制普通科3校1，2年597名（1年男子133名，1年女子203名，2年男子131名，2年女子130名）。第3章第2節で用いられたデータを再分析した。

2．調査測度

調査測度は第4章第1節で作成された日常場面における学校ストレッサー尺度（10項目），第3章第2節で作成された主観的学校ストレッサー尺度（50項目），第9章第3節で作成された学校ストレッサー認知尺度（37項目），改訂版主観的学校ストレッサー尺度（28項目）を用いた。

Table 9-8 学校ストレッサー尺度における各因子得点間の相関係数

因子名	日常場面における学校ストレッサー尺度	
	学業	友人関係
主観的学校ストレッサー尺度		
自己能力の低さ	.40**	.20**
人から受ける不利益	－.07	.50**
有意義な時間の欲求	.38**	.05
人からの評価	.16**	.34**
人とのつきあい方	－.01	.43**
悪い結果の予想	.31**	.10*
学校ストレッサー認知尺度		
自己能力の低さ	.46**	.40**
人から受ける不利益	.12**	.61**
有意義な時間の欲求	.41**	.29**
人とのつきあい方	.18**	.66**
人からの評価	.26**	.59**
悪い結果の予想	.43**	.37**
改訂版主観的学校ストレッサー尺度		
人とのつきあい方	.19**	.66**
人から受ける不利益	.14**	.61**
有意義な時間の欲求	.36**	.33**
望ましくない結果	.59**	.26**

$*p<.05, **p<.01$

結果

　各尺度を構成する因子について因子得点を算出し下位尺度得点として，日常場面における学校ストレッサー尺度と主観的学校ストレッサー尺度，学校ストレッサー認知尺度，改訂版主観的学校ストレッサー尺度との相関係数を求めた（Table 9-8）。その結果，日常場面における学校ストレッサー尺度と主観的学校ストレッサー尺度との相関の強さに比べ，すべての関係において，日常場面における学校ストレッサー尺度と学校ストレッサー認知尺度の相関が強くなっていた。また同様に日常場面における学校ストレッサー尺度と改

訂版主観的学校ストレッサー尺度の相関も強くなっていた。

考察

　主観的学校ストレッサー尺度に比べ，新しく作成した尺度の相関が強くなったのは，因子負荷量が低い項目を削除したり，複数の因子に対する負荷量の差が小さい項目を削除したことで，因子のまとまりが高くなったためと考えられる。

　学校ストレッサー認知尺度では，「人とのつきあい方」，「人から受ける不利益」，「人からの評価」は学業との相関は低く，友人関係とかなり高い相関を示したことから，友人関係と関係の深い因子であると言える。一方，「自己能力の低さ」，「有意義な時間の欲求」，「悪い結果の予想」は，学業との相関の方が，友人関係との相関より高かったが，その差はあまり大きくなく，どちらにも関係する因子であることが示唆された。

　改訂版主観的学校ストレッサー尺度では，「人とのつきあい方」，「人から受ける不利益」は，学校ストレッサー認知尺度と同様に，学業との相関は低く，友人関係とかなり高い相関を示したことから，友人関係と関係の深い因子であることが示唆される。また，「有意義な時間の欲求」は，学業，友人関係との相関の値は，ほぼ同じ値を示し両方に関係する因子であると考えられる。「望ましくない結果」は，学業との相関がかなり高く，友人関係との相関が低いことから，学業との関連が深い因子であると想定される。

　改訂した2つの尺度は，これらの結果から，主観的学校ストレッサー尺度より，併存的妥当性が高い尺度であることが示唆される。

第10章　総合的考察

第1節　本研究の結果のまとめ

　本節では，本研究の結果をもう一度簡潔にまとめることとする。

　第1章では，学校ストレス関連要因である学校ストレッサー，ストレス反応，友人関係，友人グループ，学校移行期における学校不適応を取り上げ，先行研究について概観した。第2章では，第1章をもとに問題点を整理し，本論文における目的を明らかにした。その結果，問題点として以下の3つが挙げられた。①既存の学校ストレッサー尺度は，学校場面を分類した尺度になっており，尺度をもとに学校場面に対する環境調整を行うだけでは，教師にとって効果的な対処は難しいと思われる。そこで認知面に配慮した対処も行う必要があるが，認知面に焦点を当てた主観的学校ストレッサー尺度は開発されていない。②学校ストレスに影響を与える要因の一つとして，友人関係要因が挙げられる。しかし，友人関係のあり方と学校ストレスとの関連について検討が十分なされていない。また，友人関係をグループの視点から捉え，学校ストレスとの関連を検討した研究はほとんど見られない状況である。③高等学校における中途退学者の割合が高校1年で多い現状を考えると，できるだけ早い時期での対処が必要であると考えられる。そのため，中学校から高等学校への学校移行期における情報を得ることは，早期に対応するためには重要である。しかしながら，調査の困難さからあまり研究が進んでいない。そのため，中学校から高等学校への学校移行期におけるストレスなどの要因は，高等学校入学後の学校不適応に影響を与えると考えられるが，因果関係は明らかになっていない。

問題点①を解決するために，第3章，第4章では，主観的学校ストレッサー尺度の開発を行った。得られたデータをもとに因子分析を行った結果，「自己能力の低さ」，「人から受ける不利益」，「有意義な時間の欲求」，「人からの評価」，「人とのつきあい方」，「悪い結果の予想」の6因子が抽出された。そして，作成された尺度について信頼性と妥当性の検証が行われた。また既存の尺度との関連についても検討された。その後，第9章では，近年の研究動向を踏まえ，主観的学校ストレッサー尺度の内容的妥当性について再考した。主観的学校ストレッサー尺度はストレッサー項目とともに，思考項目を含んだ尺度であることが明らかになった。

　問題点②を解決するために，第5章では，友人関係のあり方と主観的学校ストレッサー，ストレス反応との関係について検討が行われた。その結果，（1）主観的学校ストレッサーからストレス反応に多くの有意な正のパスが確認された。（2）友人関係からストレス反応への有意なパスは正のパスと負のパスの両方が確認された。（3）友人関係から主観的学校ストレッサーへの有意な正のパスが確認された。高校生の友人関係のあり方が学校ストレッサーとストレス反応に影響を与えることが示された。第6章では，第5章で示されたモデルをもとに性別によるメカニズムの違いについて検討した。その結果，（1）男子では，友人関係からストレス反応に多くの有意なパスが確認された，（2）女子において，友人関係から主観的学校ストレッサーへの多くの有意なパスが確認された，（3）男女とも，主観的学校ストレッサーからストレス反応に多くの有意なパスが確認された。以上より，性別によってメカニズムが違うことが示唆された。第7章では，最初に服部（2006）の尺度をもとに，友人グループ状態尺度を作成した。次に友人グループと主観的学校ストレッサー，ストレス反応との関係について性別を考慮して検討した。ステップワイズ法による重回帰分析の結果，（1）男子では，友人グループ状態からストレス反応に多くの有意なパスが確認された，（2）女子では，友人グループ状態から主観的学校ストレッサーを経由して，スト

レス反応に影響を与える有意なパスが確認された。

　問題点③を解決するために，第8章では，高校入学前の進学動機，主観的学校ストレッサー，ストレス反応，中学3年時の欠席日数が，入学後の学校不適応の要因となる学習成績，問題行動や欠席日数に及ぼす影響について検討した。その結果，（1）自律的でない進学動機は入学後の学習成績の低さを予測し，自律的な進学動機は入学後の欠席日数の少なさを予測した。（2）「人から受ける不利益」ストレッサーは入学後の非行傾向の高さを予測し，「自己能力の低さ」ストレッサーは入学後の学習成績の高さと欠席日数の少なさを予測し，「人からの評価」ストレッサーは入学後の非行傾向の低さを予測した。（3）入学前の不機嫌・怒り感情は入学後の学校不適応の高さを予測した。（4）中学3年時の欠席日数は，入学後の学習成績の高さ，非行傾向の低さ，欠席日数の多さを予測した。以上より，高校入学前の要因が入学後の学校適応と学校不適応を予測することが明らかになった。

第2節　主観的学校ストレッサー尺度について

1．従来の尺度との相違

　従来の高校生を対象とした学校ストレッサー尺度は，例えば，三浦・川岡（2008）では「教師との関係」「学業」「友人との関係」「部活動」「校則・規則」といった因子が抽出されているが，これらは学校の日常場面を分類した尺度となっている。そのため，生徒全体のストレス場面を把握するには適当であると言える。しかし，実際の学校現場における対応としては，環境調整を中心とした対応とならざるを得ず，対処が困難な場合が多いことが考えられる。一方，主観的学校ストレッサー尺度は，項目内容に「〜と感じるとき」という表現から，生徒の認知的要因を把握することを目的とした尺度となっており，「自己能力の低さ」，「人から受ける不利益」，「有意義な時間の

欲求」,「人からの評価」,「人とのつきあい方」,「悪い結果の予想」の6因子が抽出された。これらの尺度を用いることで，生徒にはどのような認知的刺激がストレッサーとなるのか，認知的要因を把握することができる。そこから，教師からの配慮や認知的技法を用いた介入を行うことで，ストレスの低減が図られる可能性があると思われる。以上から，主観的学校ストレッサー尺度は，従来の尺度に比べ，より主観的内容に焦点を当てた尺度となっており，有効な尺度になり得ることが示唆された。

2．ストレスマネジメントの観点から

坂野・嶋田・三浦（1995）では，ストレスマネジメントの技法の分類において，行動的技法は発達段階によらず一定の数を示しているのに対し，認知的技法は発達段階を追うに従って増える傾向にあることを指摘している。高校生の発達段階は，認知的技法を取り入れたストレスマネジメント教育を行うことで，効果的にストレスの低減ができる発達段階になってきているのではないかと考えられる。その点から，本研究における主観的学校ストレッサーは認知的要因を把握するストレッサーであるため，Beckら（1979）における認知療法を始めとして，認知的技法を行う上で重要な示唆を与えてくれると思われる。また，主観的学校ストレッサーの各要因に対し，認知的技法を取り入れることで個人的ストレス耐性の強化につながることが期待できる。また，個人が経験するストレスフルな状況に対する直接的な効果ばかりでなく，今後経験するであろう新しいストレッサーに対して，予防的な効果が早期に期待できることも考えられる。主観的学校ストレッサーへの認知的技法は治療的側面だけでなく，予防的側面の理解にもつながることも示唆される。

3．内容的妥当性の検討

当初から，主観的学校ストレッサーはストレッサー尺度として，研究を進めてきたが，近年の研究動向から，ストレス反応や思考を取り上げた尺度で

はないかと考えられるようになった。そのため，内容的妥当性について再検討を行った。その結果，ストレッサー項目だけでなく，思考項目を多く含んだ尺度であることが明らかとなった。しかしながら，主観的学校ストレッサー尺度におけるストレッサー項目と思考項目の分類は難しいという指摘もあり，主観的学校ストレッサーは，ストレッサーと思考を含んだ尺度として捉え直した方が，尺度の内容的妥当性を高めると思われる。そのため，主観的学校ストレッサー尺度を新しく定義し直し，学校ストレッサー認知尺度として再構成を行った。

今後は，学校ストレッサー認知尺度について，信頼性，妥当性を高めるとともに，学校ストレス要因との関連についてもさらに研究を進めていく必要があると思われる。

第3節　友人関係，友人グループ状態のポジティブな影響とネガティブな影響

本研究では，学校ストレッサー，ストレス反応に影響を与える要因として個人と個人の関係のレベルである友人関係のあり方と，個人とグループの関係のレベルである友人グループ状態を取り上げた。ここでは友人関係のあり方と友人グループ状態について，分類の観点が異なり，すべて同レベルで比較することは難しいが，比較できる範囲で考察してみたい。

友人関係のあり方については，関（1982）の依存性の観点から，友人関係のあり方を分類し，親密な友人関係はストレス低減につながることが示唆された。一方で，関係を拒否する友人関係はストレスを高めることも示唆された。親密な友人関係は最もポジティブな関係であり，関係を拒否する友人関係は，最もネガティブな関係であることから，予想された結果が得られた。また友人グループの状態のおける分類からは，「グループからのサポート」「良好な関係」「居場所の確保」は，ストレスの低減につながり，「グループ

内の不和」「表面的同調」はストレスを高めることが示唆された。「グループからのサポート」「良好な関係」「居場所の確保」は，個人とグループとのポジティブな関係を表し，「グループ内の不和」「表面的同調」は，個人とグループのネガティブな関係を表していることから，妥当な結果が得られた。これらの結果から，友人関係のあり方においても，友人グループ状態においても，ネガティブな友人関係からポジティブな友人関係を構築するための働きかけを，生徒に行っていくことが重要であると言える。一方で，友人関係における「依存性」や「無関心性」友人グループ状態における「グループの閉鎖性」は，学校ストレッサー，ストレス反応に対してストレス低減とストレスを高める両方の影響を与える要因として存在していた。これらの要因は，どのようなときポジティブな面として捉えられ，どのようなときネガティブな面として捉えられるのか，今後さらに詳しく検討していく必要があることが課題として残った。

第4節　学校移行期における主観的学校ストレッサーの活用

　高校入学前の主観的学校ストレッサーは，「人から受ける不利益」において入学後の学校不適応を予測した。しかしながら，「自己能力の低さ」と「人からの評価」において入学後の学校適応を予測する結果となり，高校入学後の学校不適応は高校入学前のストレッサーの影響が大きいのではないか，という予想を一部支持するだけにとどまった。主観的学校ストレッサーは，認知面を捉えているため，個人の嫌悪的な考えの傾向が継続しやすいのではないかと仮定され，入学後の学校不適応に直接影響を与える要因として取り上げられた。しかし，学校適応という逆の結果が出たことから，今後，入学前の調査から入学後の調査までの間の要因，例えば学校移行における環境変化の要因などが影響していることも考えなければならないと思われる。また，本研究では，定時制高校の生徒に限定した調査であったため，このような結

果となったのかどうか，全日制高校の生徒とも比較した調査をする必要があると思われる。

現状では，本研究の結果を，そのまま学校現場で活用することは難しいように思われる。中学校から高等学校への移行期における調査時期の困難さを考えると，データを得ることは難しいと思われるが，貴重な知見が得られる可能性が高く，さらに研究を進めていくことが求められる。

第5節　本研究の学校現場への活用

本研究の知見を，中途退学などの学校不適応になる生徒の減少のために，学校ストレスの観点から，学校現場におけるストレス低減のための具体的な活用方法として，主観的学校ストレッサー尺度，友人関係要因，高校入学前の要因の3つの視点から，効果的であると思われる対処法について提案してみたい。

第1に，主観的学校ストレッサー尺度の活用について，主観的学校ストレッサー尺度は，認知的要因を表す項目で構成されている。この尺度を生徒に実施し，得点の高い下位尺度の認知的要因をターゲットとして，認知の再構成を行うことがストレス低減に効果が上がるのではないかと思われる。そのために，認知療法やRational Emotive Behavior Therapy (REBT) などを活用したプログラムを作成し，実施することが望ましいと思われる。

第2に，友人関係要因の活用について，本研究では，友人関係のあり方，友人グループ状態と主観的学校ストレッサー，ストレス反応との関係についてモデルを構築して，検討を行った。その結果，友人関係のあり方，友人グループ状態において，ポジティブな要因は，ストレスを低減し，ネガティブな要因はストレスを高めることが示唆された。この結果から，友人関係および友人グループへの介入を行うことで，ストレスをコントロールできる可能性があることが示唆される。個人のレベルにおける友人関係では，友人関係

を改善するような対処を行うことが必要であり，ソーシャルスキルトレーニング（SST: Social Skills Training）や対人関係療法（IPT: Interpersonal Psychotherapy）などを取り入れた介入を行うことが効果的であると思われる。また，友人グループに対しては，グループワークトレーニングや構成的グループエンカウンターなど集団を対象とした介入を行うことで効果が上がるのではないかと思われる。また，本研究では，男女によるメカニズムの違いも示唆されており，男女で異なる介入を行うことも必要になってくると思われる。

第3に，高校入学前の要因の活用について，本研究では高校入学前の要因として，進学動機，主観的学校ストレッサー，ストレス反応，中学3年時の欠席日数を取り上げ調査した。その結果いくつかの要因で，学校適応，学校不適応を予測する要因が得られた。その中で，自律的でない進学動機である「外的・取り入れ的調整」，主観的学校ストレッサーの「人から受ける不利益」，ストレス反応の「不機嫌・怒り感情」，中学3年時の欠席日数は，学校不適応を予測する要因となっている。これらについて調査することで，リスクの高い生徒を早期に抽出することができる。そして，その生徒に対して，早い段階で個別の対応を行っていくことで学校不適応になる生徒の数を減少させることができると思われる。

今挙げた方策は，学校現場における生徒のストレス低減や，中途退学などの学校不適応の減少を目指した提案でしかない。今後，これらの効果を実証するために，本研究で得られた知見をもとに，実際に学校現場で実施可能なプログラムを作成し，実施して効果測定を行っていくことが課題として挙げられる。

引 用 文 献

天野隆雄（1985）．女子生徒のインフォーマル・グループ　アジア文化，10，87-95．
安藤延男（1985）．学校社会のストレス　垣内出版
Beck, A. T. (1983). *Cognitive therapy of depression: New perspectives.* In P. J. Clayton and J. E. Barrett (Eds.), Treatment of depression: Old controversies and new approaches. New York: Raven Press. 265-290.
Beck, A. T., Rush, A. J., Shaw, B. F., & Emery, G. (1979). *Cognitive Therapy of Depression.* New York: Guilford Press.（ベック，A. T.・ラッシュ，A. J.・ショウ，B. F.・エメリィ，G. 坂野雄二（監訳）（1992）．うつ病の認知療法　岩崎学術出版社）．
榎本淳子（1999）．青年期における友人との活動と友人に対する感情の発達的変化　教育心理学研究，47，237-250．
Gabriel, S., & Gardner, W. M. (1999). Arethere "his" and "hers" types of interdependence? The implications of gender differences in collective versus relational interdependence for affect, behavior, and cognition. *Journal of personality and social psychology,* 77, 642-655.
橋本　剛（2000）．大学生における対人ストレスイベントと社会的スキル・対人方略の関連　教育心理学研究，48，94-102．
服部香子（2006）．女子中学生の同性友人グループに関する研究：グループにおけるつきあい方と孤独感に注目して（平成17年度心理発達科学専攻修士学位論文概要）名古屋大学大学院教育発達科学研究科紀要　心理発達科学　53，248-249．
今村奈緒子（1999）．高校生のストレッサーに関する研究　日本教育心理学会第41回総会発表論文集，613．
井ノ崎敦子（1997）．青年の対人関係性尺度作成の試み　日本教育心理学会第39回総会発表論文集，218．
井上はるか・伊藤裕子（2007）．中学生の友人グループ関係と学校適応　児童学研究（聖徳大学児童学研究紀要），9，27-33．
Isakson, K., & Jarvis, P. (1999). The adjustment of adolescents during the transition into high school: A short-term longitudinal study. *Journal of Youth and adolescence,* 28, 1-26.
石田靖彦（2002）．面接法を用いた集団構造の把握：ソシオメトリック・データとの

比較による信頼性・妥当性の検討　愛知教育大学研究報告，教育科学編，**51**，93-100.

石田靖彦・小島　文（2009）．中学生における仲間集団の特徴と仲間集団との関わりとの関連〜仲間集団の形成・所属動機という観点から〜　愛知教育大学研究報告，教育科学編，**58**，107-113.

石谷真一（1994）．男子大学生における同一性形成と対人関係性　教育心理学研究，**42**，118-128.

伊藤亜矢子・松井　仁（2001）．学級風土質問紙の作成　教育心理学研究，**49**，449-457.

金子恵美子（2001）．定時制高校生との学校生活適応感および学校環境認知－不登校に着目した縦断的研究－　日本教育心理学会第43回総会発表論文集，262.

柏尾眞津子（2005）．友だちになる　和田実編　男と女の対人心理学　北大路書房，37-64.

金城育子・前原武子（1997）．中学入学前後におけるストレスの性差　琉球大学教育学部紀要　第一部・第二部，**50**，287-295.

小泉令三（1995）．中学入学時の子どもの期待・不安と適応　教育心理学研究，**43**，58-67.

小田部貴子・加藤和生（2007）．いじめにおける間接的・直接的攻撃の性差：攻撃被害と傷つき程度に注目して　日本教育心理学会第49回総会発表論文集，350.

工藤浩二（2005）．高校生のネガティブライフイベントに対する脆弱性と自己分化度の関連　上越教育大学修士論文（未公刊）

工藤浩二・藤生英行（2009）．高校生のネガティブライフイベントに対する脆弱性と自己分化度の関連についての実証的研究　カウンセリング研究，**42**，237-246.

久米禎子（2001）．依存のあり方を通してみた青年期の友人関係－自己の安定性との関連から－　京都大学大学院教育学研究科紀要，**47**，488-499.

Lazarus, R. S., & Folkman, S. (1984). *Stress, appraisal, and coping*. Springer Publishing Company Inc., New York（ラザルス，R. S., & フォルクマン，S. 本明寛・春木　豊・織田正美（監）（1991）．ストレスの心理学［認知的評価と対処の研究］　実務教育出版）

Lever, N., Mark, A., Sander, M. A., Lomberdo, S., Randall, C., Axeirod, J., Rubunstein, M., & Weist, M. D. (2004). A drop-out prevention program for high-risk inner-city youth. *Behavior Modification*, **28**, 513-527.

松井　豊（1990）．友人関係の機能　青年期における友人関係　斉藤耕二・菊池章夫

（編）　社会化の心理学ハンドブック　川島書店，283-296．
松並知子（2008）．メンタルヘルスとジェンダー　青野篤子・赤澤淳子・松並知子（編）　ジェンダーの心理学ハンドブック　ナカニシヤ出版，189-208．
松尾美耶・佐藤公代（2003）．大学生の対人関係認知およびストレス反応と学校享受感の関連　愛媛大学教育学部紀要　教育科学，49-2，49-55．
三川俊樹（1998）．青年期における生活ストレッサーと対処行動に関する研究　カウンセリング研究，21，1-13．
三浦正江・坂野雄二（1996）．中学生における心理的ストレスの継時的変化　教育心理学研究，44，368-378．
三浦正江（2006）．中学校におけるストレスチェックリストの活用と効果の検討―不登校予防といった視点から―　教育心理学研究，54，124-134．
三浦正江・川岡　史（2008）．高校生用学校ストレッサー尺度（SSS）の作成　カウンセリング研究，41，73-83．
三好智子（1998）．女子友人グループに関する一研究―対グループ態度の評価尺度作成の試み―　京都大学大学院教育学研究科附属臨床教育実践研究センター紀要　2，85-94．
三好智子（2002）．女子短大生の同性友人グループとの関わりにおける自己の個別性のあり方：イメージ画を用いた検討　青年心理学研究，14，1-19．
文部省（1998）．高校中退者調査
文部科学省（2013）．平成24年度「児童生徒の問題行動等生徒指導上の諸問題に関する調査」について
鍋島祥郎（2003）．高校生のこころとジェンダー　解放出版社
長原啓三・国里愛彦・伊藤大輔・在原理沙・鈴木伸一（2007）．入学時のストレッサーと学校不適応との関連（2）―高校新入生ストレッサー尺度とストレス反応・学校享受感の関連―　第49回日本教育心理学会総会発表論文集，611．
長根光男（1991）．学校生活における児童の心理的ストレスの分析―小学4，5，6年生を対象にして―　教育心理学研究，39，182-185．
永作　稔・新井邦二郎（2003）．自律的高校進学動機尺度作成の試み　筑波大学心理学研究，26，175-182．
永作　稔・新井邦二郎（2005）．自律的高校進学動機と学校適応・不適応に関する短期縦断的検討　教育心理学研究，53，516-526．
中園尚武・野島一彦（2003）．現代大学生における友人関係への態度に関する研究―友人関係に対する「無関心」に注目して―　九州大学心理学研究，4，325-334．

新潟県教育委員会（2005）．中1ギャップ解消調査研究事業報告書

新潟県教育委員会（2007）．中1ギャップ解消に向けて　中1ギャップ解消プログラム

新名理恵・坂田成輝・矢冨直美・本間　昭（1990）．心理的ストレス反応尺度の開発　心身医学，30，29-38．

二木鋭雄（2007）．良いストレスと悪いストレス　日薬理誌　129，76-79．

野口宗雄・西村博文（1999）．学校ストレスおよび学習意欲の阻害要因に関する高校生と教師の認知　信州大学教育学部紀要，99，133-144．

落合良行・佐藤有耕（1996）．青年期における友達とのつきあい方の発達的変化　教育心理学研究，44，55-65．

岡田　努（1993）．現代大学生における「内省および友人関係のあり方」と「対人恐怖的心性」との関係　発達心理学研究，4，162-170．

岡田佳子（1999）．中学生の学校ストレスに関する研究（1）－学校ストレッサーとストレス反応の関係について－　日本教育心理学会第41回発表論文集，262．

岡田佳子（2002）．中学生の心理的ストレス・プロセスに関する研究－二次的反応の生起についての検討－　教育心理学研究，50，193-203．

岡安孝弘・嶋田洋徳・丹羽洋子・森　俊夫・矢冨直美（1992a）中学生の学校ストレッサーの評価とストレス反応との関連　心理学研究，63，310-318．

岡安孝弘・嶋田洋徳・坂野雄二（1992b）．中学生用ストレス反応尺度の作成の試み　早稲田大学人間科学研究，5，23-29．

岡安孝弘・嶋田洋徳・坂野雄二（1993a）．中学生におけるソーシャル・サポートの学校ストレス軽減効果　教育心理学研究，41，302-312．

岡安孝弘・嶋田洋徳・坂野雄二（1993b）．中学生の学校ストレッサーの測定法に関する一考察　ストレス科学研究，8，13-23．

小此木敬吾（1976）．青年期治療の基本的問題　笠原嘉ほか（編）　青年の精神病理1　弘文堂

Sadock, B. J. & Sadock, V. A. (2003). *Kaplan&Sadock's synosis of psychiatry: Benavioral sciences/clinical psychiatry*, 9th ed, Philadelphia, （サドック，B. J. & サドック，V. A. 井上令一・四宮滋子（訳）（2004）．カプラン臨床精神医学テキスト，第2版，メディカル・サイエンス・インターナショナル）

坂　晴己子・真中陽子（2002）．高校生の学校ストレスとソーシャル・サポートおよびコーピングとの関連　明治学院大学文学研究科心理学専攻紀要，7，9-18．

坂本真士・田中江里子・丹野義彦・大野　裕（2004）．Beckの抑うつモデルの検討：

DASとATQを用いて　日本大学心理学研究, **25**, 14-23.
坂野雄二 (1990).　登校拒否・不登校　同朋社
坂野雄二・嶋田洋徳・三浦正江 (1995).　高校生の性格特性と心理的ストレス過程の関連　日本健康心理学会第8回大会発表論文集, 98-99.
坂野雄二・嶋田洋徳・三浦正江・森　治子・小田美穂子・猿橋末治 (1994).　高校生の認知的個人差が心理ストレスに及ぼす影響　早稲田大学人間科学研究, **7**, 75-90.
桜井茂男 (1995).　高校生におけるハーディネスとストレスの関係　日本教育心理学会第37回総会発表論文集, 85.
佐藤有耕 (1995).　高校生女子が学校生活においてグループに所属する理由の分析　神戸大学発達科学部研究紀要　**3**(1), 11-20.
Seidman, E., Allen, L., Aber, J. L., Mitchell, C., & Feinman, J. (1994). The impact of school transition in early adolescence on the self-system and perceived social context of poor urban youth. *Child Development*, **65**, 507-522.
Seidman, E., Aber, J. L., Allen, L., & French, S. E (1996). The impact of the transition to high school on the self-system and perceived social context of poor urban youth. *American Journal of Community psychology*, **24**, 489-516.
関　知恵子 (1982).　人格適応面からみた依存性の研究―自己像との関連において―　京都大学教育学部心理教育相談室臨床心理事例研究, **9**, 230-249.
Sherrod, D. (1989). *The influence of gender on same sex friendships*. In C. Hendrick (Ed.), Close relationships. Newbury Park, CA: Sage, 164-186.
嶋　信宏 (1994).　高校生のソーシャル・サポート・ネットワークの測定に関する一研究　健康心理学研究, **7**, 14-25.
嶋田洋徳・岡安孝弘・坂野雄二 (1992).　児童の心理的ストレスと学習意欲との関連　日本行動療法学会第17回大会発表論文集, 10-11.
嶋田洋徳 (1995).　小学生のストレス　指導と評価, **41**, 12-16.
嶋田洋徳・鈴木敏城・神村栄一・國分康孝・坂野雄二 (1995).　高校生の学校ストレッサーとストレス反応との関連　日本カウンセリング学会第28回大会発表論文集, 142-143.
嶋田洋徳 (1998).　小中学生の心理的ストレスと学校不適応に関する研究　風間書房
菅　徹・上地安昭 (1996).　高校生の心理・社会的ストレスに関する一考察　カウンセリング研究, **29**, 197-207.
高口明久・柿内真紀・大谷直史・太田美幸 (2008).　高校教育改革下の定時制高校の

状況　地域学論集（鳥取大学地域学部紀要），4，327-367．

高橋恵子（1969）．子どもの社会化と依存性　岡本夏木（編）　児童心理学講座8　金子書房，89-136．

高比良美詠子（1998）．対人・達成領域別ライフイベント尺度（大学生用）の作成と妥当性の検討　社会心理学研究，14，12-24．

武井和弘（1998）．心理描写項目を用いた中学生用学校ストレッサー尺度の開発　上越教育大学修士論文（未公刊）

田中健吾（2005）．対人関係の問題に対処する　和田実編　男と女の対人心理学　北大路書房，159-177．

上野行良・上瀬由美子・松井　豊・福富　護（1994）．青年期の交友関係における同調と心理的距離　教育心理学研究，42，21-28．

和田　実（1996）．同性の友人関係期待と年齢・性・性役割同一性との関連　心理学研究，67，232-237．

渡邊恵子（1998）．女性・男性の発達　柏木恵子（編）「結婚・家族の心理学」ミネルヴァ書房，233-292．

吉原　寛・藤生英行（2001）．主観的内容に焦点を当てた学校ストレッサー尺度の作成　上越教育大学心理教育相談研究，1，37-47．

吉原　寛・藤生英行（2003）．学業・友人関係場面ストレッサーと主観的ストレッサーの関係　上越教育大学心理教育相談研究，2，17-23．

吉原　寛・藤生英行（2005）．友人関係のあり方とストレッサー，ストレス反応の関係　カウンセリング研究，38，128-140．

吉原　寛・藤生英行（2011）．高校生の主観的学校ストレッサー，ストレス反応，および友人関係の関連における性差の検討　教育実践学論集（兵庫教育大学大学院連合学校教育学研究科），12，85-94．

吉岡和子（2001）．「自分らしさ」と友人関係の満足感との関連について　日本教育心理学会第43回総会発表論文集，462．

あ と が き

　私が「主観的学校ストレッサーによる学校ストレス」の研究テーマに取り組み始めてから10年以上の歳月が経過しました。そしてようやくここに1つの成果としてまとめることができました。これは私一人の力だけでできたわけではなく，これまで多くの方々にご指導，ご協力いただいた成果であると信じて疑いません。

　本書は，平成23年度に兵庫教育大学に提出した博士論文を加筆，修正してまとめたものです。研究を進めるにあたり，筑波大学人間系心理学域教授の藤生英行先生には，修士課程の時からご指導いただき，博士課程への進学のきっかけも与えていただきました。入学してからも，1年次の主指導教員として，ご指導いただきました。その後も折に触れてご指導いただき，研究の構想から，調査計画，統計処理，論文の執筆に至るまですべての面できめ細かいご指導とご助言をいただきました。本研究をまとまることができましたのも，偏に先生の労を厭わぬご指導のおかげであり，心から感謝申し上げます。

　兵庫教育大学大学院教授の冨永良喜先生には，研究を通じて適切なアドバイスをいただき心より感謝申し上げます。博士課程の2年次より主指導教員を快く引き受けて下さり，スムーズな研究継続に心配りしていただきありがとうございました。心より感謝申し上げます。

　鳴門教育大学大学院教授の山崎勝之先生，兵庫教育大学大学院教授の岩井圭司先生には，副指導教員を引き受けて下さり，折に触れて適切なアドバイスを頂き大変感謝しております。

　信州大学教授の田中敏先生には，上越教育大学修士課程入学時に，研究の基礎を教えていただきました。また，藤生先生との出会いのきっかけも作っ

ていただいたことで，本研究の発展につながったものと思います。深く感謝申し上げます。

　上越教育大学藤生研究室の野口理英子さん，高柳伸哉さんには，いろいろな面で本研究に協力していただき大変感謝しています。その他研究室の多くのみなさまに支えられて本研究をまとめることができました。ここに感謝申し上げます。

　調査の実施にあたり，ご協力いただいた高等学校の校長先生はじめ諸先生方，生徒の皆さんには心から感謝申し上げます。この他にも，まだまだここに記すことができないほど，多くのみなさまにご協力と応援をいただきました。深く感謝申し上げます。私がこれまで，研究に打ち込んできた時間は，たくさんの方々に支えられてきたことを実感する日々でした。そのすべてが本書につながっているのだと感じています。

　最後になりましたが，研究を継続していく中で最後まで応援してくれた両親，息子，娘には心から感謝しています。そして，すべての面で支えてくれた妻に心から感謝の言葉を述べたいと思います。ありがとうございました。

　また，本書の刊行は，独立行政法人日本学術振興会平成27年度科学研究費助成事業（科学研究費補助金）（研究成果公開促進費　課題番号15HP5171）の交付を受けて実現しました。多大なご協力をいただきました風間敬子氏をはじめ，風間書房の皆様には厚くお礼申し上げます。

　雪を冠した妙高山を眺めながら
　平成27年11月

吉　原　　寛

著者略歴

吉原　寛（よしはら　ひろし）

1965年　新潟県見附市に生まれる
1988年　新潟大学理学部数学科卒業
同　年　公立高等学校教諭に採用される
2002年　上越教育大学大学院学校教育研究科修了
2011年　兵庫教育大学大学院連合学校教育学研究科修了
　　　　博士（学校教育学）取得
2013年　新潟県立教育センター指導主事

高校生の主観的学校ストレッサーに関する研究

2016年1月31日　初版第1刷発行

著　者　　吉　原　　寛
発行者　　風　間　敬　子
発行所　　株式会社　風　間　書　房
　　　　〒101-0051　東京都千代田区神田神保町1-34
　　　　電話 03(3291)5729　FAX 03(3291)5757
　　　　振替 00110-5-1853

印刷　太平印刷社　　製本　高地製本所

©2016　Hiroshi Yoshihara　　　　　NDC分類：140
ISBN978-4-7599-2103-8　Printed in Japan
JCOPY〈(社)出版者著作権管理機構　委託出版物〉

本書の無断複製は，著作権法上での例外を除き禁じられています。複製される場合はそのつど事前に(社)出版者著作権管理機構（電話 03-3513-6969，FAX 03-3513-6979，e-mail: info@jcopy.or.jp）の許諾を得てください。